RESEÑAS PROFESIONALES

"A los seres humanos se nos da muy bien torturarnos con la multitud de voces que lucha en nuestro interior y ocultarnos partes de nosotros que, de revelarse, nos harían más auténticos. El doctor Schwartz nos hace un regalo: una forma de encontrar más espacio para disfrutar de la vida mostrándonos curiosos y compasivos con nuestras distintas partes. Sus historias y su estilo directo en cada página convierten a este libro en un tesoro que querrás leer una y otra vez. En mis veintiocho años como asesora de liderazgo, muy pocas veces me he topado con una joya como esta. Me encantaría que mi familia, mis amigos, mis colegas y todos los profesionales y líderes con los que he trabajado se beneficiaran de las ideas de Richard y de las preguntas que nos invita a plantearnos. A mí me hicieron cuestionarme por qué no me las había planteado a lo largo de mi vida. La vida es mucho más sutil y fascinante cuando estudiamos nuestros entresijos humanos."

— **Jill Ader.** Asesora de liderazgo
y presidente de Egon Zehnder

"Rico en ejemplos de casos esclarecedores y escrito con elegante sencillez e ingenio, este libro es una introducción general ideal a la innovadora terapia de Richard Schwartz: una forma única de conocer y entablar amistad con todas las partes de nosotros mismos y de aprender a dirigirlas."

— **Gabor Maté**, médico.
Autor de *El mito de la normalidad*

"Hoy en día está de moda hablar del 'amor propio'. Pero, ¿cómo se supone que debemos amar las partes de nosotros que nos critican implacablemente, que nos llevan a esforzarnos en pos de una perfección imposible, que nos acosan con dudas sobre nosotros mismos y con sentimientos de indignidad, que nos inundan de emociones intolerables, que adoptan conductas de autolesión o autosabotaje, que nos provocan problemas de salud, que mienten, engañan, se entregan a adicciones, controlan a los demás, hacen daño a las personas que queremos o incluso participan en actividades delictivas? El modelo de los sistemas de la familia interna nos desvela algo muy necesario:

el funcionamiento del amor propio. Cambia las reglas del juego, no solo como camino espiritual transformador, sino también como tratamiento para todos los diagnósticos psiquiátricos del *DSM-5* y para muchos diagnósticos médicos. *Introducción al modelo de los sistemas de la familia interna* sienta las bases para que aprendas a querer incluso a tus partes más difíciles, lo que te conducirá a un tipo revolucionario de amor por otras personas que necesiten más autocompasión en un momento en que nuestro mundo necesita desesperadamente más bondad."

— **Lissa Rankin,** médica. Autora de los éxitos
Mind Over Medicine y *Sacred Medicine*

"Este libro me ha ayudado en mi proceso de curación y me ha descubierto múltiples formas de cuidarme."

— **Jonathan Van Ness.** Personaje televisivo nominado al Emmy®,
humorista, autor superventas, podcaster, estilista
e innovador en el cuidado del cabello

"En esta nueva edición de *Introducción a los sistemas de la familia interna*, Richard Schwartz presenta sucintamente al lector su modelo de cambio de paradigma en un volumen accesible y de fácil lectura. El modelo replantea el diálogo interno histórico entre las intenciones conscientes y los impulsos corporales que conducen a acciones que a menudo se experimentan como no intencionadas. Schwartz ofrece —especialmente a quienes han sufrido graves adversidades— una hoja de ruta intuitiva para explorar los beneficios de los atributos naturalmente integradores del ser humano. A través del intercambio de experiencias personales y ejemplos terapéuticos, emplea una estrategia eficaz para conducir compasivamente al lector en la resolución de las monumentales luchas intrapersonales que han impedido a muchas personas experimentar seguridad, confianza y amor."

— **Stephen W. Porges,** doctor. Distinguido científico universitario,
director fundador del Centro de Investigación del Trauma
del Instituto Kinsey (Universidad de Indiana)
y creador de la teoría polivagal

OTRAS OBRAS DE RICHARD C. SCHWARTZ

*No hay partes malas: sanar el trauma y recobrar la plenitud
con el modelo sistemas de familia interna*

*Tú eres quien estabas esperando. Aplicación de los sistemas de la familia
interna a las relaciones íntimas.*

Terapia sistemas de familia interna (IFS), segunda edición
(con Martha Sweezy)

*Sistemas de familia interna, Manual de habilidades (IFS). Terapia basada
en el procesamiento del trauma para ansiedad, depresión, TEPT y abuso de
sustancias*

*The Mosaic Mind: Empowering the Tormented Selves of Child Abuse
Survivors* (con Regina A. Goulding)

Many Minds, One Self: Evidence for a Radical Shift in Paradigm (con Robert
Falconer)

Sistemas de la familia interna (IFS)

INTRODUCCIÓN A

Sistemas de la familia interna (IFS)

Richard C. Schwartz

Traducción del inglés de
Antonio Aguilella Asensi

Nota importante: Este libro no pretende sustituir las recomendaciones médicas de médicos, profesionales de la salud mental u otros profesionales sanitarios. Más bien pretende ofrecer información que ayude al lector a cooperar con clínicos, profesionales de la salud mental y proveedores de atención sanitaria en la búsqueda conjunta del bienestar. Aconsejamos a los lectores que lean y comprendan cuidadosamente las ideas aquí presentadas y que busquen el consejo de un profesional cualificado antes de intentar utilizarlas.

LIBRERÍAS:
THEMA: MKMT: Psicoterapia
BISAC: PSY028000 PSICOLOGÍA / Psicoterapia / General
TEMAS: Psicoterapia/Psicoterapia de la personalidad/Psicoterapia sistémica

Título original: *Introduction to Internal Family Systems*
Copyright © 2023 Center for Self Leadership PC
Previamente publicado en 2001 como *Introduction to the Internal Family Systems Model*
Y en 2015 como *Introducción al modelo de los Sistemas de la familia interna.*
Traducción autorizada de la edición original en inglés publicada por Sounds True, Inc.

EDITORIAL ELEFTHERIA, S.L.
Barcelona, España
www.editorialeleftheria.com
Primera edición: noviembre de 2015
Segunda edición: julio de 2024
Traducción: Antonio Aguilella Asensi
Maquetación: Ana Córdoba Pérez
Diseño de cubierta: Juan Mauricio Restrepo
Ilustración de cubierta: iStock/Toshka081& iStock/Fotostock32
ISBN: 978-84-128997-1-9
DL: B 15599-2024

Dedicado a la comunidad IFS, que no para de crecer y que enseña, aprende, comparte y utiliza el modelo, incluidos los formadores, socios, personal y fundación IFSI.

CONTENIDO

CAPÍTULO I

EL MODELO DE LOS SISTEMAS DE LA FAMILIA INTERNA

¿Has oído alguna vez a alguien decir: "Antes de poder querer a otra persona, tengo que aprender a quererme a mí mismo" o "Mi problema es que no creo en mí misma" o "No quería hacerlo, pero fue superior a mí mismo"? ¿Quién es esa persona, ese Self al que tenemos que aprender a querer y estimar? ¿Y por qué cuesta tanto hacerlo? ¿Quién nos obliga a hacer cosas que no queremos? ¿Nos acosará siempre esa voz crítica en nuestra cabeza que no para de insultarnos? ¿Hay alguna forma mejor de lidiar con la sensación de inutilidad que nos invade el estómago? ¿Cómo podemos acallar ese ruido interno que nos mantiene en un estado de ansiedad y distracción?

El modelo de los sistemas de la familia interna (IFS por sus siglas en inglés, *Internal Family Systems*) brinda una serie de respuestas a este tipo de preguntas que ayudan a las personas a empezar a relacionarse consigo mismas de forma diferente, a quererse a sí mismas. Ofrece pasos concretos para controlar mejor las reacciones impulsivas o automáticas. Puede transformar tu voz crítica interior en una voz de apoyo y puede ayudarte a desterrar los sentimientos de inutilidad. No solo es capaz de ayudarte a reducir el ruido de tu mente, sino también a crear una atmósfera interior de luz y paz que aporte más confianza, claridad y creatividad a tus relaciones.

El modelo IFS lo consigue haciendo que, en primer lugar, te centres en tu interior. Por "centrarse en el interior" me refiero a dirigir la atención hacia los pensamientos, las emociones, las fantasías, las imágenes y las sensaciones, es decir, hacia la experiencia interna. Se trata de un gran paso para muchos de nosotros, porque la cultura occidental nos ha condicionado a mantener la vista fija en el mundo exterior en busca tanto del peligro como de la satisfacción. Ese enfoque externo tiene sentido porque tenemos mucho de lo que preocuparnos y por lo que luchar en nuestro entorno. Pero hay otra razón por la que muchos de nosotros no accedemos a nuestro mundo interior: tenemos miedo de lo que podamos encontrar. Sabemos o sospechamos que en lo más profundo de nuestro ser acechan recuerdos y sentimientos que podrían abrumarnos y hacernos sentir fatal, lo que mermaría nuestra capacidad para funcionar y nos haría actuar impulsivamente, cambiando la forma de relacionarnos con la gente y haciéndonos vulnerables a que nos vuelvan a hacer daño. Esto es especialmente cierto cuando te han humillado y te han hecho sentir que no vales nada, o si has sufrido pérdidas o traumas en tu vida. Para evitar revivir todo eso, te aseguras de estar siempre activo o distraído con el fin de que los recuerdos dolorosos no tengan oportunidad de aflorar. Organizas tu vida de forma que no ocurra nada que desencadene esos temidos recuerdos o emociones. Te esfuerzas por tener un aspecto y un comportamiento aceptables, trabajas mucho para demostrar que vales, controlas hasta qué punto te das en las relaciones o cuidas de todo el mundo para caerles bien, entre otras cosas.

Michael se considera un profesional competente, así que no entiende por qué su mente se queda en blanco cada vez que su jefa entra en su despacho. No soporta que su mera presencia le haga sentirse tan pequeño e inepto. Es consciente de que esos sentimientos provienen de su interior y no se deben a nada concreto que haya hecho su jefa. De hecho, es una de las mejores jefas que ha tenido. Se ha dado a sí mismo charlas de ánimo antes de que ella llegara, ha probado a hacer ejercicios de respiración y se ha recriminado el hecho de sentir tanto miedo, pero nada de eso funciona.

A Jonas le importa mucho que sus hijos se gusten a sí mismos, por eso no le gusta nada cuando en ocasiones "pierde los papeles" con su hijo. De vez en cuando, su hijo hace alguna tontería —dejar la ropa tirada o llegar tarde a casa— y Jonas se pone a gritarle. A menudo ve venir su reacción, pero no puede contenerse. Después se siente culpable y se odia por ello, pero sigue ocurriendo.

A pesar de todo lo que ha conseguido, a Kyle le atormenta la sensación subyacente de que no vale nada. La gente no para de alabarlo y de decirle que es una gran persona, pero él no consigue asimilarlo. Finge ante los demás, pero en su fuero interno está convencido de que, si lo conocieran de verdad, lo rechazarían. Sabe que lo valoran mucho intelectualmente e intenta convencerse de que lo hacen por una razón, pero esa fuerte sensación de inutilidad sigue ahí.

Una parte de Kim no es capaz de controlarse con la comida. Ha probado diferentes dietas, ha trabajado con nutricionistas y ha empezado nuevos programas de ejercicio, pero cuando las ganas de dulce se apoderan de ella, se siente impotente. Detesta la voz interior que la seduce para que vaya a la nevera a atiborrarse de helado, pero no puede resistirse a sus cantos de sirena.

Isabella se queja de que solo le atraen los hombres que la tratan mal. Hay muchos buenos chicos que se interesan por ella, pero solo siente química con hombres carismáticos que acaban tratándola mal y rechazándola. Siente que "su corazón la ha condenado al desamor de por vida".

¿Qué tienen en común todas estas personas? Eran pacientes míos que recurrieron a mí debido a una emoción o un impulso que no podían controlar. Es más, luchaban constantemente con esos sentimientos y se enfadaban consigo mismos por ser incapaces de controlarlos. El impulso incontrolable ya era malo de por sí, pero la relación que establecían con él —su frustración con el impulso y consigo mismos por tenerlo— permeaba su autoconcepto y les hacía sentir que no valían nada. En mi opinión, esto ocurre en muchas ocasiones. La forma en que nos relacionamos con un pensamiento o una emoción problemáticos no solo no consigue controlarlos, sino que agrava nuestros problemas. En palabras del monje budista Thich Nhat Hanh: "Si nos enfadamos con nuestra ira, tendremos dos enfados al mismo tiempo".

Vamos a emplear una analogía con las relaciones humanas para ilustrar mejor esta idea. Imagina que tu enfado es un niño que está a tu cargo. Supongamos que no eres capaz de controlarlo, que tiene rabietas todas las noches. Eso ya sería bastante malo de por sí, pero pongamos que, como esas rabietas te molestan de verdad, no paras de criticar al niño y haces lo posible por mantenerlo encerrado en su cuarto por miedo a que te avergüence en público. Te quedas en casa los fines de semana para asegurarte de que no se escapa y te sientes un cuidador terrible por culpa de su comportamiento. Supón también que todas tus reacciones no hacen más que empeorar las rabietas porque el niño percibe que lo que quieres es librarte de él. Debido a la forma en que te relacionas con el niño, el problema llega a consumir tu vida. Lo mismo ocurre con nuestras emociones extremas y con nuestras creencias irracionales: ya son difíciles de por sí, pero la forma en que intentamos gestionarlas a menudo las exacerba y nos hace la vida imposible.

Considerar que tenemos una relación con un pensamiento o con una emoción puede parecer extraño, pero no podemos evitarlo. Los pensamientos y las emociones viven con nosotros, y tenemos que relacionarnos con ellos de un modo u otro. Al igual que ocurre con las personas difíciles de tu entorno familiar o laboral, la forma en que te afectan y cómo interactúas con ellas marca la diferencia. Piensa en cómo te sientes respecto a tus distintos pensamientos y emociones. Tal vez te guste la voz interior que te recuerda las cosas que tienes que hacer y te plantea estrategias para llevarlas a cabo. La escuchas y la utilizas como motivación; te relacionas con ella como si fuera una valiosa ayudante. ¿Qué pasa cuando empiezas a relajarte y esa misma voz se vuelve estridentemente crítica, te tilda de vago y te dice que no vales nada si no te pones a trabajar? ¿Qué te parece entonces? ¿Qué le contestas? Si eres como la mayoría de la gente, discutes internamente con ella como si fuera un jefe tiránico. "¡Déjame en paz! ¿No me puedes dejar tranquilo ni un minuto? ¡Relájate!". O quizás intentas acallarla viendo la tele o tomando unas copas. La parte de ti que quiere que consigas cosas es un maravilloso sirviente, pero un terrible amo, así que estableces una relación de amor/odio con ella.

Mantenemos relaciones continuas y complejas con muchas voces internas, patrones de pensamiento y emociones diferentes que se asemejan a las relaciones que mantenemos con otras personas. Lo que llamamos "pensamiento" suele ser nuestro diálogo interior con distintas partes de nosotros. Pongamos otro ejemplo. Piensa en un ser querido que ya haya muerto. ¿Cómo te sientes ante el dolor que experimentas por esa persona? Quizá te da miedo que te abrume y detestas la forma en que te deprime. Intentas mantenerlo encerrado en algún lugar de tu psique y evitas cualquier cosa que pueda recordarte a ese ser querido que ya no está. Además, te impacientas: "¿Por qué sigo sintiéndome así después de tanto tiempo? Creía que ya lo había superado". Intentas convertirlo en un exiliado intrapsíquico. Sin embargo, al igual que un exiliado, sigue apareciendo de repente cuando no estás prestando atención y te golpea por dentro.

¿Qué pasa con la parte de ti que se pone a la defensiva cuando discutes con tu pareja o con un amigo íntimo? En plena discusión, de repente te conviertes en esa parte: ves a través de sus ojos a tu pareja o a tu amigo, adoptas su perspectiva distorsionada basada en la dicotomía blanco/negro, en la culpa, te niegas obstinadamente a ceder un ápice y dices cosas desagradables. Más tarde te das cuenta de que te has pasado de la raya y te preguntas: *¿Quién se ha hecho con el control y me ha llevado a comportarme de una forma tan odiosa? ¡Esa persona no era yo!* ¿Qué sientes hacia ese defensor interior? Si eres como la mayoría de la gente, habrá algunos aspectos suyos que no te gusten, pero te sientes tan vulnerable durante una discusión que confías en él para que te proteja. Dejas que tome el control porque crees que, sin su ayuda, tu pareja te humillará. Tu ira se convierte en un duro guardaespaldas al que te gusta tener cerca, pero al que no invitarías a cenar.

Todas las personas que he descrito en este capítulo llegaron a mí en plena guerra consigo mismas. Estaban atrapadas en relaciones internas disfuncionales y, como era de esperar, sus relaciones externas iban paralelas a las internas. Al cambiar la forma en que consideraban sus pensamientos y emociones e interactuaban con ellos, descubrieron que el problema que las traía a terapia mejoraba drásticamente y que, además, sentían menos agitación interior, se querían más a sí mismas y se llevaban mejor con las personas de su entorno.

¿Cuál fue la dirección de ese cambio? Estos pacientes pasaron de odiar, temer y discutir con esos sentimientos y creencias, de intentar ignorarlos, encerrarlos o deshacerse de ellos, de ceder y sentirse abrumados, a sentir curiosidad por ellos y a escucharlos. Esa curiosidad inicial a menudo se materializaba en compasión por sus emociones y pensamientos, y en intentos de ayudarlos.

Voy a poner un ejemplo de mi vida. Antes de conocer esta nueva forma de relacionarme conmigo mismo, cada vez que tenía que hacer una presentación en público me ponía muy ansioso por saber si gustaría a los asistentes. De niño, me habían humillado en el colegio, así que una parte de mí seguía anclada al pasado a la espera de una nueva y segura humillación. Lo irónico de este tipo de emociones es que a menudo generan exactamente la situación que tanto temen. Cuando la ansiedad se apoderaba de mí, no era capaz de prepararme bien, me mostraba inseguro y tenía dificultad para expresarme, así que recibía la misma respuesta que mi ansiedad temía que recibiera. Como la ansiedad generaba un impacto tan negativo en mi rendimiento, tenía buenas razones para considerarla mi enemiga. Cada vez que empezaba a sentirla, intentaba tranquilizarme: *No te preocupes, sabes de lo que hablas y nadie quiere que quedes mal. Además, si te sale mal, tampoco es que vaya a ser el final de tu carrera.* Ese tipo de autoconversación racional solo funcionaba durante un rato; luego volvía a aparecer la ansiedad, me frustraba y aumentaba mi autocrítica. ¿Por qué tienes tanto miedo? ¿Por qué no puedes ser como los demás, que hacen esto sin *despeinarse*? Tenía conflictos internos de este tipo hasta el momento de la presentación. Por lo general, salía bien, pero me pasaba la semana siguiente criticando las tonterías que había dicho o las cosas inteligentes que había olvidado decir. Era un terrible calvario que me daba pánico.

Ahora he descubierto una forma de relacionarme con mi ansiedad que hace que esos acontecimientos sean retos interesantes en lugar de terribles calvarios. En lugar de atacar o ignorar mi ansiedad, intento acceder a un estado de curiosidad, centrarme en ella y hacerle algunas preguntas. Al centrarme en la sensación, me doy cuenta de que parece emanar de un nudo que tengo en el estómago, así que me concentro en ese punto mientras me pregunto internamente: ¿A qué le tienes tanto miedo?, y luego espero tranquilamente una respuesta. Al cabo de unos segundos, oigo una débil "voz" (en realidad no es una voz, sino un hilo de pensamientos) que emerge espontáneamente de las oscuras profundidades de mi mente y que dice: *Sé que voy a fracasar y voy a volver a pasar vergüenza.* A continuación, me vienen imágenes de mi pasado, escenas del colegio de hace mucho tiempo. De repente, siento empatía y afecto por aquel chico tímido al que avergonzaban públicamente de forma tan severa por no estar preparado. En mi mente, abrazo a ese chico y le recuerdo que estoy ahí y que no es él quien tiene que hacer la presentación. Le hago saber que, pase lo que pase, lo quiero. Inmediatamente se calma y siento que se me deshace el nudo del estómago. Toda esa interacción dura menos de un minuto y, una vez pasa, ya estoy listo, pero eso se debe a que hace algunos años dediqué varias horas a conocer realmente esa parte ansiosa de mí y a cambiar mi relación con ella. Ahora todo lo que esa parte necesita para sentirse segura es un rápido recordatorio.

Puede resultar extraño hacer preguntas a una emoción, pero ¿alguna vez te has sentido enfadado o triste sin saber por qué y, al cabo de un día más o menos, la respuesta ha surgido de tu interior sin más? El modelo IFS ofrece una forma de acelerar ese proceso que te ayudará a averiguar no solo por qué están enfadadas tus emociones, sino también cómo puedes ayudarlas a calmarse y a encontrar lo que necesitan de ti. Es una forma de autocalmarse que resulta fácil para la mayoría de las personas una vez que captan la idea. Lo difícil es sentir curiosidad o compasión por emociones o creencias que estás acostumbrado a odiar y de las que quieres deshacerte.

Esto puede parecer absurdo a primera vista. ¿Por qué querrías centrarte y tratar de sentir compasión por la voz crítica interior que te empequeñece, por el miedo paralizante que te congela el cerebro en situaciones de mucha presión, por la ira que de repente puede secuestrar tu mente y hacer daño a los demás o por la parte sensible de ti que se siente herida con facilidad y que te hace sentir que no vales nada? Lo lógico es no hacerlo y, en su lugar, tratar de aislar tu conciencia ante todos esos pensamientos y emociones para evitar sentirte mal y poder funcionar adecuadamente. Eso es lo que a muchos nos han enseñado a hacer con las emociones y creencias difíciles. Pero si ese enfoque funcionara, no estarías leyendo este libro.

Ese enfoque se basa en la idea errónea de que nuestras emociones y creencias extremas son lo que parecen ser. Si la ira, el miedo, el odio a uno mismo y la sensación de inutilidad no son más que estados emocionales alterados o creencias irracionales aprendidas, entonces tendría sentido intentar emplear la "fuerza de voluntad" para bloquearlos, para discutir con ellos o para contrarrestarlos con pensamientos positivos. Tiene sentido establecer una relación autoritaria, coercitiva o despectiva con ellos porque parecen ser el enemigo interior. Sin embargo, un subproducto desafortunado de ese enfoque es que formarás relaciones similares con personas de tu entorno que encarnan las cualidades de esos enemigos que llevas dentro. Te volverás crítico o impaciente con cualquiera que parezca temeroso, despreciativo, avergonzado o agresivo.

Con estas páginas, espero ayudarte a darte cuenta de que tus emociones y pensamientos son mucho más de lo que parecen: que esas emociones y pensamientos emanan de personalidades internas de ti a las que yo llamo *partes*. Sugiero que lo que parece ser un temperamento explosivo, por ejemplo, no es simplemente un manojo de ira. Si te centraras en él y le hicieras preguntas, podrías aprender que es una parte protectora de ti que defiende a otras partes vulnerables y que está en conflicto con las partes de ti que quieren complacer a todo el mundo. Quizás descubrieras que esa parte de ti tiene que seguir así de enfadada mientras seas tan vulnerable y abnegado. También podrías descubrir que tiene otros sentimientos, como miedo o tristeza, pero que siente que debe permanecer en su papel de enfadada para protegerte. Si se lo pides, podría mostrarte escenas del momento de tu vida en el que se vio obligada a asumir su papel protector. Incluso podría mostrarte una imagen o representación de sí misma, como un dragón, un volcán o un adolescente complicado. Y, lo que es más importante, puede indicarte cómo ayudarla a liberarse para que deje de estar atrapada en ese papel rabioso. Con tu ayuda, puede cambiar drásticamente hacia una cualidad valiosa, de modo que ya no estés plagado de mal genio, sino que, por ejemplo, tengas una mayor capacidad para hacerte valer adecuadamente.

Puede que el último párrafo haya activado una parte de ti que dice: "Todo esto suena muy raro. Me estás diciendo que tengo un montón de personitas dentro de mí que pueden hablarme". No te culpo por tu escepticismo. A mí me pasó lo mismo cuando mis pacientes empezaron a hablarme de sus partes. Pero es una de esas cosas complicadas de aceptar hasta que no las has experimentado. Será algo muy difícil de creer hasta que te concentres en tu interior, comiences conversaciones intencionales con tus emociones y pensamientos, y te sorprendas por las respuestas que lleguen. No te pido que me creas sin más, solo te invito a que mantengas tu mente abierta a esta posibilidad y a que hagas tu propia exploración. Averigua por ti mismo si lo que estoy diciendo es posible: que puedes ayudar a tus antagonistas internos a convertirse en tus aliados. Tal vez a esto se refería Jesús cuando dijo: "Amad a vuestros enemigos" (Mateo 5:44).

Esta comprensión de nuestros pensamientos y emociones perturbadoras —que son manifestaciones de personalidades internas que se han visto forzadas a adoptar papeles extremos por lo que ha ocurrido a lo largo de nuestra vida— es lo que nos lleva a relacionarnos con ellos de forma diferente. Es fácil sentir compasión por un adolescente interior que intentó valientemente protegerte en el pasado y que acabó congelado en el tiempo en ese papel de enfado, o por un niño pequeño al que le aterroriza que lo vuelvan a humillar. Con esta comprensión, empezamos a revertir las relaciones internas disfuncionales que hemos entablado con muchas partes diferentes de nosotros y que nuestras partes han formado entre sí. A medida que se sienten más aceptadas y menos amenazadas o atacadas, nuestras partes se transforman en sus estados naturalmente valiosos. Además, aceptamos mejor y reaccionamos menos ante las personas que antes nos molestaban. Podemos relacionarnos con ellos con compasión porque somos capaces de hacerlo con las partes de nosotros que se parecen a ellos. A veces descubrimos que esas personas también se transforman o, al menos, que se transforma nuestra percepción de ellas y nuestra relación con ellas.

Imagina cómo cambiaría tu entorno laboral si los líderes de tu organización se relacionaran consigo mismos de forma diferente. Si odian las partes de sí mismos que quieren ir más despacio y disfrutar de la vida, se mostrarán impacientes con los trabajadores que no estén tan motivados como ellos. Si quieren deshacerse de su propia inseguridad y ansiedad, crearán una atmósfera en la que la gente tema por su puesto de trabajo si se muestran vulnerables. Si se atacan a sí mismos por cometer errores, todos tendrán que aparentar ser perfectos. Si temen a sus propios críticos internos, también temerán el juicio de los demás y permitirán que la gente explote a los demás. Por otro lado, si pueden relacionarse con esas partes de sí mismos de forma compasiva, esa compasión y aceptación impregnarán la empresa, lo que facilitará mucho que todos los empleados se relacionen compasivamente con sus propias partes y entre sí. Nuestra familia interna funciona con el mismo proceso.

Esta nueva forma de relacionarte contigo mismo no se puede forzar. No basta con ordenarte sentir curiosidad por esas partes de ti ni con fingir que sientes compasión por ellas. Tiene que ser auténtica. ¿Cómo se llega a ese punto? Esto plantea la cuestión de quién es el "tú" que se relaciona con tus partes. ¿Quién eres en el fondo?

El descubrimiento más maravilloso que he hecho es que, a medida que llevas a cabo este trabajo, liberas lo que yo llamo *Self* o *Self verdadero*. Me he dado cuenta de que cuando la gente se centra en sus emociones y pensamientos extremos y, al hacerlo, se separa de ellos, manifiesta espontáneamente cualidades que contribuyen a un buen liderazgo, tanto interno como externo. Parece que todos tenemos en nuestro interior cualidades como la curiosidad, la compasión, la calma, la confianza, el coraje, la claridad, la creatividad y la conexión. El Self es el alma de la que hablan las tradiciones espirituales, pero que la mayoría de las psicoterapias no reconocen. Tu Self se ve oscurecido por el miedo, la ira y la vergüenza —emociones y creencias extremas que te inculcan a lo largo de la vida—, así que es posible que ni siquiera sepas que está ahí.

Si eres como la mayoría de la gente, apenas habrás llegado a vislumbrar tu Self. Puede que tu conversación interior constante con tus partes y entre ellas se detenga de repente al "perderte" en una actividad creativa o deportiva, en la belleza de una puesta de sol, en la inocencia de unos niños jugando o en una actividad peligrosa como la escalada, que requiere una conciencia totalmente centrada en el presente. Puede que recuerdes esas experiencias como breves momentos de alegría plena y paz profunda. Tal vez hayas tenido una experiencia fugaz de conexión con algo más grande que tú y la sensación de bienestar que acompaña a esa conciencia. Es posible que hayas descartado esos episodios como anomalías en tu corriente de conciencia, por lo demás agitada y ruidosa, y que hayas asumido que tú eres el ruido, y no la paz que subyace a él. Pero ¿y si ese estado de paz, alegría y conexión es lo que realmente eres? ¿Cómo podría cambiar eso el concepto que tienes de ti mismo?

¿Y si, además de esos breves momentos de paz y alegría, fuera posible permanecer en ese estado durante largos periodos de tiempo mientras realizas tus actividades diarias o incluso mientras tienes un conflicto con alguien? Por último, ¿qué pasaría si, mientras estuvieras en ese estado del Self, no solo te sintieras bien, sino que también manifestaras espontáneamente cualidades como curiosidad inocente, compasión abierta, claridad de percepción y sabiduría intuitiva sobre cómo relacionarte armoniosamente con tus partes y con las personas que te rodean? Si todo eso fuera cierto, tu vida podría ser muy diferente. Tengo buenas noticias que darte: todo eso es cierto.

Este libro se basa en un enfoque psicoterapéutico llamado modelo de sistemas de la familia interna (IFS); recibe este nombre porque es como si cada uno de nosotros tuviera una familia de partes viviendo dentro. Lo primero que hace un terapeuta IFS es ayudar al paciente a centrarse en las partes que lo protegen y a conocerlas. A continuación, el paciente pide a esas partes que se relajen, que se separen sus sentimientos y creencias para que pueda abrir más espacio en su interior. A medida que esto sucede, el paciente refiere espontáneamente que se siente tranquilo, curioso y compasivo —las cualidades del Self— con respecto a sus partes. No es necesario pedir al paciente que intente sentirse así; cuando las partes se relajan y se separan, esas cualidades surgen de forma natural, como si se liberaran.

Por ejemplo, Hassan teme a su voz crítica interior. Desde que tiene uso de razón, se ha sentido agobiado por su constante juicio. Cuando se centra en esa voz, la localiza en su cabeza y le dice que la odia. Le pido que se centre en la parte que odia a la voz crítica y que le pida que se separe de él. Esa parte enfadada accede a hacerlo. Le pregunto a Hassan qué siente ahora hacia la parte crítica. Con voz más calmada y segura, dice: "Me pregunto por qué siente la necesidad de hacerme esto". Dice que su imagen de la parte crítica también ha cambiado. Al principio le parecía una figura gigante y amenazadora de su padre, pero ahora se ha encogido considerablemente y parece bastante más joven. Al no sentirse ya intimidado por su crítico interior, Hassan empieza a escucharle hablar de lo mucho que se esfuerza por conseguir que su forma de actuar sea perfecta para que nadie le critique. Además, cree que, si le hace sentir fatal, estará preparado para los juicios negativos de otras personas. A medida que escucha, Hassan siente cada vez más gratitud por sus intentos de protegerle, así como empatía por el miedo al rechazo que intuye que arrastra. Cuando Hassan le cuenta a la parte lo que siente, el antiguo atormentador de sangre fría se derrumba y llora mientras Hassan lo abraza. Como escribió el poeta Rainer Maria Rilke: "Quizás los dragones que amenazan nuestra vida no sean sino princesas anhelantes que solo aguardan un indicio de nuestra apostura y valentía. Quizás, en lo más hondo, lo que más terrible nos parece solo ansía nuestro amor"[1].

Una vez liberado de su miedo, Hassan supo lo que tenía que hacer para ayudar a su crítico. Tomó el control y parecía saber exactamente cómo ayudarlo. Esto es algo común en la terapia IFS. Al igual que nuestros cuerpos saben cómo curar las lesiones físicas, parece que todos poseemos una sabiduría innata para curarnos emocionalmente. Lo difícil es acceder a esa sabiduría. El modelo IFS proporciona maneras claras y prácticas de hacerlo y te ayuda a introducir más Self en tu vida en general. Te ofrece un nuevo y edificante concepto de ti mismo, una forma clara y eficaz de comprender y trabajar con tus emociones y pensamientos problemáticos, y un método para aportar un enfoque más autónomo a tu vida diaria, de modo que puedas pasar más tiempo en un estado de profunda paz y alegría, y relacionarte con los demás desde ese estado. El primer paso hacia esos objetivos es ayudarte a tomar conciencia de que eres mucho más de lo que te han enseñado.

—— EJERCICIOS ——————————————

Ser consciente de las relaciones de tu familia interna

Tómate unos momentos para pensar en las relaciones que has establecido con tus distintos pensamientos, emociones o voces interiores. A continuación, tienes una lista de partes que la mayoría de las personas experimentan y por las que a veces se sienten preocupadas. Después de leerlas, considera cómo te relacionas con cada una de ellas: cómo te sientes, qué haces o dices en tu interior cuando la experimentas, hasta qué punto has conseguido exiliarla de tu vida y en qué medida afecta a tu vida tu relación con ella:

- La voz interior que critica tu aspecto o tu rendimiento.
- La ansiedad que bloquea tu mente en situaciones en las que debes rendir mucho.
- Ganas de comer o beber demasiado.
- Sentimientos celosos o posesivos hacia tu pareja.
- Anhelo de intimidad.
- Preocupaciones que te hacen pensar en los peores futuros posibles.
- Pena por alguien que ha muerto o que te ha abandonado.
- Sensación persistente de inutilidad.
- La voz que te dice que no trabajas lo suficiente y que no te deja relajarte.
- El miedo que te impide asumir riesgos sociales e inhibe tu vitalidad.

- Necesidad de cuidar de todo el mundo menos de ti.
- Ansia por consultar constantemente las redes sociales.
- La ira que surge cuando sientes que te han hecho daño.
- Sentimientos sensibles que pueden herirse fácilmente.
- La soledad que aparece cuando no estás distraído o acompañado.
- La competitividad que te hace sentir mal cuando te enteras de que a otros les va mejor que a ti.
- La necesidad de controlarlo todo o a todos.
- Una sensación subyacente de incompetencia.
- La máscara de felicidad o de compañía tras la que te escondes.
- El perfeccionista que llevas dentro y que no puede permitirse ningún error o imperfección.
- Pensamientos críticos acerca de otras personas.
- La inercia que te hace sentarse frente a la tele o el ordenador o tumbarte en la cama.
- Una sensación de desesperanza que hace que las pequeñas tareas parezcan abrumadoras.
- Insatisfacción con tu lugar vital o con tus logros.
- La creencia de haber sido víctima en la vida.

Supongo que en la lista habrás identificado unos cuantos pensamientos o emociones que te cuesta aceptar y de los que te gustaría librarte. Tal vez te hayas librado de algunos de ellos en la medida en que no los experimentas muy a menudo y, por tanto, ya no te consideras ese tipo de persona. Elige un elemento de la lista ante el que hayas tenido una fuerte reacción y piensa en lo difícil que sería cambiar tu forma de relacionarte con él. ¿Te imaginas acercarte a él con curiosidad e intentar escucharlo en lugar de regañarlo o espantarlo? La curiosidad suele ser el primer paso, porque, hasta que no hayas escuchado sus razones para ser como es, te costará sentir compasión por él. ¿Qué temores te vienen a la mente al contemplar este tipo de cambio en tus relaciones internas?

Contemplar quién eres en realidad

¿Cuáles son tus creencias fundamentales acerca de la naturaleza humana? ¿Somos egoístas y agresivos en nuestra esencia o has tenido experiencias personales que contradigan esa opinión? ¿Cómo podría cambiar tu visión de ti mismo si aceptaras la idea de que tu Self esencial es intrínsecamente bueno, sabio, valiente, compasivo, alegre y tranquilo? Tómate unos minutos para imaginar cómo cambiaría tu vida si tuvieras más acceso a esas cualidades a diario y si confiaras en que ese Self tranquilo y alegre es tu verdadera identidad. Piensa en lo que podría cambiar en las relaciones con personas clave de tu vida privada, de tu trabajo o de tu entorno académico, y en las decisiones que podrías tomar en el futuro.

Contemplar tu multiplicidad

Imagina tan solo un instante que tus pensamientos y tus emociones emanaran de personalidades separadas que habitan en tu interior. ¿Qué temores surgen al considerar esa posibilidad? La gente suele tener miedo de que existan personalidades independientes en su interior debido a las descripciones negativas y sensacionalistas de enfermedades como la esquizofrenia o el trastorno de personalidad múltiple (ahora denominado trastorno de identidad disociativo) o a la mera idea de que existan entidades autónomas dentro de nosotros y de que, por tanto, no tenemos pleno control de nosotros mismos. Si puedes dejar de lado esos miedos por un segundo, piensa en los beneficios de tener partes. ¿Cómo te sentirías si supieras con certeza que tus pensamientos o sentimientos más repulsivos o desdeñosos proceden de pequeñas partes de ti y que no constituyen la esencia de tu identidad? ¿Cómo te sentirías al revelar sentimientos vergonzosos a los demás si pudieras decir: "Una parte de mí siente..." en lugar de "Yo siento..."? ¿Y si confiaras totalmente en que esas partes son diferentes de tu verdadero Self y en que tú, al ser ese Self, puedes ayudarlas a transformarse?

CAPÍTULO II

EL SELF

Lo primero que tienes que hacer para avanzar hacia la liberación de tu Self es reconocer su existencia. Si no tienes ni idea de quién eres realmente, no puedes convertirte en esa persona. Ignorarás cualquier experiencia fugaz del Self, la tacharás de aberración o ilusión y te adherirás a los autoconceptos limitantes que te han enseñado. Cuentan que cuando a Miguel Ángel le preguntaron cómo había creado el magnífico *David* a partir de un bloque de mármol, dijo: "Yo sabía que estaba ahí dentro y que solo necesitaba que alguien lo dejara salir". Si sabes que tienes una esencia magnífica que está incrustada en emociones y creencias calcificadas, puedes ponerte manos a la obra para liberarla. Si no sabes que existe, te resignas a experimentar la vida a través de una cubierta protectora.

En este capítulo exploraremos esta idea del Self porque es el eje central del modelo IFS y la pieza más difícil de aceptar para la mayoría de las personas. La idea de que en esencia eres pura alegría y paz y de que desde ese lugar eres capaz de manifestar conjuntos de maravillosas cualidades de liderazgo y sanación y sentir una conexión espiritual va en contra de lo que puedes haber aprendido sobre ti. En la cultura occidental existen diversas creencias sobre la naturaleza humana, y ninguna de ellas es muy edificante. La más obvia es la doctrina del pecado original, iniciada por San Agustín y fomentada por gran parte del cristianismo occidental desde su época. Según esta noción, a causa de la caída —la transgresión de Adán y Eva—, la humanidad ha sido maldecida por nacer en pecado y tener una constitución vil y egoísta. Desde esta perspectiva, nuestras pasiones son la prueba de nuestro estado pecaminoso. Debemos pasarnos la vida controlando las emociones y los impulsos pasionales, y recordándonos a nosotros mismos nuestra pecaminosidad esencial. Aunque muchos cristianos contemporáneos se han alejado de esa postura, ha tenido un enorme impacto en las creencias de la cultura occidental sobre las personas. Esas creencias no existían en el cristianismo con anterioridad a San Agustín y, de hecho, muchos de los primeros líderes cristianos suscribían la creencia contraria, que bien podría llamarse "bendición original".

Otra postura enormemente influyente se inspira en la teoría de la evolución del naturalista del siglo XIX Charles Darwin. La visión neo-darwinista de la naturaleza humana se corresponde estrechamente con el pecado original, pero con un matiz científico. Este punto de vista postula que nuestra naturaleza egoísta es el producto de nuestros genes, que nos programan para luchar por la supervivencia en un entorno competitivo y hostil. Podemos ver estos mitos culturales de la caída y del "gen egoísta" reflejados en algunas de nuestras psicologías más influyentes. Por ejemplo, las psicologías freudiana, conductista y evolucionista enseñan que todo lo que hacemos está diseñado para maximizar el placer o para ampliar nuestra reserva genética. Esta visión de nosotros mismos como fundamentalmente egoístas o pecadores conduce a métodos duros y punitivos para controlar a nuestras partes y a otras personas.

Luego está la psicología del desarrollo, que sostiene que nuestra natura-leza básica depende del tipo de crianza que hayamos recibido. Si tuviste la suerte de tener una crianza "suficientemente buena" durante ciertos perio-dos críticos de tu desarrollo temprano, acabaste tu infancia con una cierta cantidad de "fuerza en el ego". Si no, mala suerte. Sigues siendo defectuoso y patológico hasta que un terapeuta u otra persona significativa te lleva a experimentar algún tipo de reparación correctiva. Esta idea de que, si tenemos alguna cualidad valiosa, es porque nos la han tenido que infundir desde el mundo exterior es otra perspectiva prevalente e influyente. Es la base de las teorías del aprendizaje que dominan el sistema educativo occidental. Creemos que deben enseñarnos moralidad, empatía y respeto porque esos valores no son inherentes a nosotros. Esta filosofía nos enseña a buscar fuera de nosotros mismos la forma de satisfacer nuestras necesi-dades, y anima a los terapeutas a intentar dar a sus pacientes lo que creen que les falta, en lugar de ayudarlos a encontrar esas cualidades dentro de sí mismos. Esta visión de nosotros mismos como dependientes del entorno, desprovistos e ignorantes nos conduce a buscar al "experto" adecuado para resolver nuestros problemas y hace que esos ayudantes adopten un papel pedagógico o paternal. Nos disuaden de asumir un papel de liderazgo con nuestras partes y en nuestras vidas.

VIAJE HACIA EL SELF

No es fácil exponerte a la posibilidad de que lo que has aprendido sobre ti es erróneo, así que voy a describir brevemente mi camino hasta llegar a esa conclusión por si te sirve de ayuda. Cuando empecé a trabajar como terapeuta, a finales de la década de 1970, tenía claro que debía proporcionar a mis pacientes ideas y sugerencias que fueran esenciales. El hecho de que tuvieran problemas me indicaba que les faltaba algo y que me pagaban para que yo se lo brindara. También había absorbido de la cultura una imagen cínica de las personas —y de mí mismo— según la cual éramos seres básicamente egoístas e impulsados por el miedo; y de mi formación clínica había extraído la opinión de que las personas eran manojos de patologías. No estaba abierto a la posibilidad de la existencia del Self, aunque la había vislumbrado. Como muchos otros jóvenes de los años sesenta, había experimentado con la meditación para encontrar un respiro a mi cacofonía interior. Mientras estaba concentrado en mi mantra, mi mente se aquietaba y percibía otras dimensiones de mí mismo, pero no tenía un marco que me ayudara a comprenderlas. Además, como deportista que era, en ocasiones había accedido en pleno juego a ese delicioso estado fluido en el que mi mente estaba tranquila y mi cuerpo no podía hacer nada malo. Sin embargo, como a la mayoría de la gente, lo que más me consumía era encontrar formas de contrarrestar la corriente subterránea de inutilidad que corría por mi psique. Creía a las voces interiores que me decían que en esencia era perezoso, estúpido y egoísta. Eso es lo que yo creía que era en realidad.

Más adelante, en mi carrera como terapeuta, fui testigo de lo que les ocurría a mis pacientes cuando les ayudaba a explorar su mundo interior. A principios de la década de 1980, yo era un entusiasta terapeuta familiar que creía que la terapia familiar había encontrado el Santo Grial al utilizar el pensamiento sistémico para comprender y cambiar las estructuras familiares. Como la mayoría de los terapeutas familiares de aquella época, tenía poco interés en mi propia vida intrapsíquica o en la de mis pacientes. Pensaba que no había necesidad de mirar en el interior de las personas, ya que lo único que había que hacer para resolver sus problemas era conseguir que cambiaran sus relaciones con otros miembros de la familia. Sin embargo, mis pacientes no cooperaban. Sufrí lo que el biólogo decimonónico

Thomas Huxley denominó "el asesinato de una bella hipótesis por un hecho feo". Ese hecho era que, por muy bien que se reorganizaran las relaciones familiares, la vida interior de las personas seguía teniendo un tremendo poder sobre ellas.

A raíz de esa frustración, empecé a preguntar a mis pacientes por el tipo de pensamientos y sentimientos que los mantenían atascados en antiguas rutinas. En aquella época, varios pacientes empezaron a hablar de distintas partes de ellos como si esas "partes" fueran voces autónomas o subpersonalidades. Por ejemplo, una paciente a la que llamaré Anya hablaba de su voz pesimista y de su crítico interno, que acompañaban cada acción positiva con sus cantos de fatalidad y pesimismo. Decía que tenía otras voces que discutían con estos predictores del fracaso y otras que simplemente se sentían avergonzadas e incompetentes. Consideraba que la vergüenza y la incompetencia eran la esencia de "la verdadera Anya". Como terapeuta familiar, me intrigaban estas batallas internas. Empecé a pedir a Anya y a otros pacientes que intentaran modificarlas de la misma forma en que yo había estado intentando cambiar los conflictos de las familias. En otras palabras, como he descrito antes, empecé a centrarme en la relación de Anya con sus pensamientos y emociones.

Era como si tanto Anya como muchos otros pacientes pudieran conversar con estos pensamientos y sentimientos como si fueran personalidades reales. Le pedí a Anya que le preguntara a su voz pesimista por qué siempre le decía que era un caso perdido. Para mi asombro, me dijo que le había respondido: esa parte pesimista quería evitar que Anya se arriesgara y acabara haciéndose daño, así que le decía que no tenía nada que hacer. En otras palabras, intentaba protegerla. Parecía una interacción prometedora. Si esa parte pesimista tuviera realmente buenas intenciones, Anya podría intentar asignarle un papel diferente. Sin embargo, Anya no estaba interesada. Se enfadó con la voz y le dijo que la dejara en paz. Cuando le pregunté por qué estaba siendo tan ofensiva con la voz pesimista, empezó una larga diatriba describiendo cómo esa voz había convertido cada paso de su vida en un gran obstáculo. Entonces se me ocurrió que no estaba hablando con Anya, sino con otra parte de ella que estaba en una constante lucha con la pesimista. En una conversación anterior, Anya me había hablado de una guerra continua en su interior entre una voz que la empujaba a conseguir logros y la voz pesimista que le decía que sus esfuerzos no servían para nada. Era como si la parte que la empujaba se hubiera inmiscuido en la conversación mientras ella hablaba con la pesimista.

Le pedí a Anya que se centrara en la voz que estaba tan enfadada con la pesimista y que le pidiera que dejara de interferir en sus negociaciones. De nuevo para mi asombro, la voz accedió a "retroceder" y Anya abandonó inmediatamente la rabia que había sentido de forma tan intensa hacía apenas unos segundos. Cuando le pregunté a Anya qué sentía ahora hacia la parte pesimista, me pareció que me respondía una persona distinta. Con voz tranquila y afectuosa, dijo que le estaba agradecida por intentar protegerla y que lamentaba que tuviera que esforzarse tanto. Su rostro y su postura también habían cambiado y reflejaban ahora la suave compasión de su voz. A partir de ese momento, las negociaciones con la voz pesimista fueron fáciles.

Probé este procedimiento del "paso atrás" con otros pacientes. A veces teníamos que pedir a dos o tres voces que no interfirieran antes de que el paciente accediera a un estado similar al de Anya, pero aun así lo conseguíamos. Empecé a entusiasmarme. ¿Y si la gente pudiera conseguir que las voces extremas dieran un paso atrás con tan solo pedírselo, y no únicamente en las negociaciones con otras partes, sino también con familiares, con jefes o con cualquier otra persona? ¿Y si la persona que quedara cuando las partes retrocedieran fuera siempre tan compasiva como Anya y esos otros pacientes?

Cuando estaban en ese estado de calma y compasión, les preguntaba qué voz o qué parte había allí. Y todos me contestaban con alguna una variación de esta respuesta: "No es una parte como las otras voces. Es más bien lo que soy en realidad: mi Self".

Este descubrimiento que hice por casualidad a principios de los años ochenta —que, cuando ayudaba a mis pacientes a separarse de sus emociones y creencias extremas, se trasladaban de forma inmediata y espontánea a su Self— era confuso y excitante a la vez. En varios casos, de repente mostraron un tipo de fuerza en su ego que nunca sospeché que tuvieran. Algunos de estos pacientes no solo no habían tenido una crianza suficientemente buena de niños, sino que además habían sido torturados y despreciados a diario. A algunos no los habían abrazado ni consolado en su vida. Sus infancias habían sido pesadillas marcadas por el miedo y la degradación. Entonces, ¿de dónde podían haber sacado esas cualidades que estaban brotando? Era imposible que las hubieran absorbido de las personas maltratadoras de las que habían dependido cuando eran pequeños.

Empecé a cuestionar los supuestos de la psicología del desarrollo y la teoría del aprendizaje. Me pregunté: ¿Es posible que nazcamos con esas cualidades y no necesitemos obtenerlas de nuestro entorno? *¿Cómo puede ser que las principales psicologías, filosofías y religiones occidentales hayan subestimado tanto la naturaleza humana?* Para liberarme de mi arraigado cinismo, tuve que pasar varios años poniendo a prueba esta posibilidad con decenas de pacientes y comprobando una y otra vez que, cuando sus partes de separaban, encarnaban espontáneamente cualidades del Self. Así fue como abracé plenamente la apasionante convicción de que éramos mucho más de lo que habíamos pensado hasta entonces. Como la psicología occidental no podía confirmar estas observaciones optimistas, empecé a buscar en otros lugares. Aprendí que el tipo de Self que encontraba en mis pacientes era descrito por diversas tradiciones espirituales de todo el mundo.

EL SECRETO DE LOS DIOSES

Según una antigua leyenda hindú, hubo un tiempo en que los dioses intentaban decidir dónde esconder el secreto de la paz y la alegría. No querían que los humanos lo encontraran hasta que estuvieran preparados para apreciarlo. Un dios dijo: "Escondámoslo en la montaña más alta". Otro dijo: "No, allí lo encontrarían demasiado pronto y muy fácilmente». Otro dios sugirió esconderlo en lo más profundo del bosque más denso, pero ese lugar fue rechazado por la misma razón. Tras muchas otras sugerencias y rechazos, el dios más sabio dijo: «Escondámoslo en el corazón humano: es el último lugar en el que buscarán". Todos los dioses estuvieron de acuerdo, así que allí lo pusieron.

Los dioses eran muy sabios. El último lugar donde muchos de nosotros hemos buscado la paz y la alegría es dentro de nosotros mismos. Buscamos por todas partes: en las relaciones íntimas, en las carreras profesionales, en las compras, en los viajes, en los gurús, en los grupos de autoayuda y en la gracia de Dios. Sin embargo, a lo largo de los siglos y en distintas partes del mundo, ha habido grupos de personas que han mirado en su interior y han encontrado el secreto que escondieron los dioses. Entre ellos se encuentran las ramas esotéricas o místicas de todas las religiones del mundo. (Tal y como se utiliza aquí, el término *esotérico* no se refiere a algo exótico o "lejano". Al contrario, procede del griego *esotero,* que significa "más adentro". Las tradiciones esotéricas son las que han mirado más al interior de las personas, en contraste con las religiones convencionales o exotéricas.) Aunque utilicen palabras diferentes, todos estos grupos dicen lo mismo: somos chispas de la llama eterna, gotas del océano divino y manifestaciones del fundamento absoluto del ser. Pero como muchos de nosotros no miramos en nuestro interior, tenemos poca conciencia de quiénes somos en realidad. Una vez que aprendemos a ser conscientes de quiénes somos realmente, encontramos la paz y la alegría.

A medida que exploraba los escritos de algunas de estas escuelas esotéricas, como la escuela mahayana (budismo) o el sufismo (islamismo), fui cayendo en la cuenta de que, al interactuar con las partes de las personas de un modo que les permitía separarse de sus emociones y creencias, había dado accidentalmente con una forma sencilla de ayudar a la gente a acceder al estado de conciencia que esas tradiciones buscaban a través de la meditación y otras técnicas. Había dado con el secreto de los dioses.

¿QUIÉN ESTÁ AHÍ CUANDO DAS UN PASO ATRÁS?

En realidad, el proceso de centrarse en una parte de uno mismo y pedirle que dé "un paso atrás" es similar a las formas de meditación en las que las personas se separan de sus pensamientos y son testigos de ellos. Por ejemplo, *vipassana,* una forma popular de meditación budista, consiste simplemente en ser testigo de cada pensamiento o estado emocional que surge. Cuanto más te des cuenta de tus pensamientos y emociones, en lugar de convertirte en ellos o identificarte con ellos, más te relajarás y pasarás a ser "tú", que no eres ni tus pensamientos ni tus emociones. Las enseñanzas budistas lo describen como acceder a un "estado de vacío", de "no-yo". A lo que a menudo se refieren con esto es a la ausencia de ego o de una mente condicionada, lo que yo llamo *ausencia de las partes.* El conocimiento de este lugar especial dentro de nosotros no se limita a las tradiciones orientales. Thomas Merton, uno de los eruditos cristianos más significativos del siglo XX y firme defensor del diálogo interreligioso, escribió:

> Si entramos en nosotros mismos, encontramos nuestro verdadero yo y luego vamos "más allá" del "yo" interior, navegamos hacia la inmensa oscuridad en la que nos enfrentamos al "yo soy" del Todopoderoso. Nuestro "yo" más íntimo existe en Dios, y Dios crece en él. De ahí que la experiencia mística cristiana no sea solo una toma de conciencia del yo interior, sino también una captación experiencial de Dios como algo presente en nuestro yo interior[1].

Merton desarrolló la *oración centrante*, una práctica meditativa que se ha extendido entre los cristianos occidentales debido en gran parte a los esfuerzos del padre Thomas Keating, un monje trapense y teólogo que coincide con Merton en que "Dios y nuestro verdadero Self no están separados"[2]. Los cuáqueros lo llaman *Luz interior*. Los budistas lo llaman *rigpa* o *Naturaleza de Buda*. Los hindúes lo llaman *atman* o *Self*. El místico cristiano del siglo XIV Meister Eckhart lo llamó *semilla de Dios*. Para los sufíes, es el *Amado*, el dios interior.

Tanto si crees que es Dios quien está dentro de ti como si crees que se trata solo de un nivel superior de conciencia, las tradiciones de todo el mundo comparten la creencia de que ese lugar existe dentro de nosotros y que no es difícil acceder a él. Las palabras que utilizan las distintas tradiciones para describir el estado del Self —*sabiduría y compasión inherentes, sensación de libertad, ligereza, liberación, estabilidad* o *lucidez*— son algunas de las cualidades que mis pacientes manifiestan y muestran cuando sus partes retroceden y su Self se libera. La gente conoce desde hace siglos este estado de paz al que yo llamo Self.

Pero ese estado no es dominio exclusivo de los buscadores espirituales. Los practicantes no espirituales también han reconocido los beneficios derivados de disminuir el ruido de la mente. Por ejemplo, Betty Edwards, autora de *Aprender a dibujar con el lado derecho del cerebro*, descubrió que las personas pueden dibujar mucho mejor de lo que creían posible cuando se encuentran en ese estado. El escritor W. Timothy Gallwey dio origen a una gran variedad de libros, entre ellos *El juego interior del tenis*, que describen cómo los deportistas rinden mucho mejor cuando se encuentran en este estado. Los creadores de la biorretroalimentación, Elmer y Alyce Green, descubrieron que cuando las personas alcanzaban el estado de ondas cerebrales theta —un lugar de relajación profunda, lleno de imágenes— podían producir un control notable sobre procesos fisiológicos que se consideraban incontrolables. Ese descubrimiento llevó al psicólogo Eugene Peniston a entrenar a alcohólicos crónicos para alcanzar ese estado. El descubrimiento de que dejaban de beber abrió el campo del entrenamiento con biorretroalimentación para tratar una amplia gama de trastornos. Este estado ha sido denominado *flujo* por el investigador Mihaly Csikszentmihalyi, quien descubrió que caracterizaba la experiencia de todo tipo de personas creativas y de alto rendimiento.

Por lo tanto, parece claro que este estado consciente del Self no es solo un lugar pacífico desde el que presenciar el mundo, ni solo un estado al que uno puede acceder para trascender el mundo; el Self también tiene cualidades curativas, creativas y de mejora del rendimiento. Cuando mis pacientes accedían a este estado del Self, no se limitaban a presenciar pasivamente sus partes, sino que empezaban a interactuar activamente con ellas de forma creativa y sanadora. Anya y los demás empezaron a relacionarse con sus partes de formas que estas parecían necesitar. Estos pacientes empezaron a sacar a relucir su compasión, su lucidez y su sabiduría emergentes para conocer y cuidar de estas personalidades internas. La parte pesimista de Anya necesitaba escuchar de ella que, si bien en un momento de su vida le habían hecho mucho daño y había tenido que retraerse, ya no necesitaba protegerla de esa manera. Subpersonalidades como la pesimista parecían víctimas de traumas internos, atrapadas en el pasado, con la mente bloqueada en torno a un momento de gran angustia. Otras necesitaban que las consolaran, que las quisieran o simplemente que las escucharan. Estamos tan acostumbrados a luchar y a querer librarnos de partes como estas que no tenemos ni idea de quiénes son en realidad.

Lo más asombroso de todo fue que, una vez en ese estado del Self, los pacientes parecían saber exactamente qué hacer o decir para ayudar a cada personalidad interior. Poco a poco se hizo evidente que yo no tenía que enseñarles a relacionarse de forma diferente con esos pensamientos y emociones que ellos llamaban partes; o bien empezaban a hacer automáticamente lo que la parte necesitaba o bien empezaban a hacer preguntas que conducían a formas de ayudarla. Mi trabajo consistía principalmente en intentar ayudar a los pacientes a permanecer en el estado del Self y luego apartarme de su camino a medida que se convertían en terapeutas de sus propias familias internas.

EL LIDERAZGO DEL SELF

También descubrí que cuando los pacientes accedían a su Self, empezaban a relacionarse de forma diferente con las personas que les rodeaban, además de con partes de su interior. Daba la impresión de que antes de empezar a trabajar con el modelo IFS, la mayoría de los pacientes tenían partes que no confiaban en el liderazgo de su Self en el mundo exterior. Estas partes se lanzaban a gestionar muchos tipos de experiencias externas porque creían que tenían que proteger el sistema. Eran como niños parentizados que no confían en que sus padres sean capaces y, en consecuencia, asumen valientemente responsabilidades por el bienestar de la familia que sobrepasan sus capacidades.

A medida que esto cambiaba —cuando estas partes protectoras empezaban a confiar más en el Self de los pacientes para dirigir el mundo exterior—, las relaciones de mis pacientes se volvían más armoniosas o encontraban el valor para abandonar relaciones abusivas. Se volvían menos reactivos en las crisis y se sentían menos abrumados por los episodios emocionales que solían acabar con ellos. Durante esos episodios, decían que habían llegado a entender que solo estaba disgustada una *parte* de ellos, no *todas,* así que, en lugar de mezclarse con esa parte, la reconocían e intentaban consolarla. No siempre conseguían calmarla, pero el mero hecho de ser conscientes de que no eran esa parte les ayudaba a permanecer más centrados. Podían esperar a que pasara la tormenta, seguros de que su Self resurgiría, de que el sol volvería a brillar.

Cuando llegas a conocer tu propio Self, percibes si hay cierto grado de Self en las personas que te rodean. Es fácil identificar a una persona cuyo Self está al mando. Parafraseando el chiste, da la impresión de que "las luces están encendidas y hay alguien en casa". Hay quien describe a estas personas como abiertas, confiadas y tolerantes, con presencia. Cuando alguien está liderado por su Self, te sientes a gusto de inmediato con esa persona, percibes que es seguro relajarse y liberar tu propio Self. Cuando una persona se encuentra en ese estado, genera comentarios del estilo: "Me gusta porque no tengo que fingir, puedo ser yo misma a su lado". Por los ojos, la voz, el lenguaje corporal y la energía de la persona, te das cuenta de que estás en presencia de alguien auténtico, sólido y sin pretensiones. Te atrae que no tenga intenciones ocultas y que no necesite autopromocionarse, así como su pasión por la vida y su compromiso con los demás. Cuando una persona está liderada por su Self, no necesita verse forzada por normas morales o legales para hacer lo correcto. Es compasiva por naturaleza y su motivación está puesta en mejorar la condición humana de alguna manera, porque es consciente de que todos estamos conectados.

Cada vez que empiezo a describir las cualidades de un individuo que está liderado por su Self, se activan partes de mí que se sienten inadecuadas. Aunque a veces puedo encarnar algunas de esas cualidades, la mayoría de las veces estoy muy lejos de ser esa persona. Creo que uno de los errores que cometen algunas religiones organizadas es que presentan la imagen de una persona santa como modelo de lo que deberían ser sus seguidores, pero proporcionan pocos consejos prácticos para conseguirlo, aparte de la fuerza de voluntad o la oración. Como resultado, la gente se siente crónicamente inferior y se enfada con sus emociones y sus pensamientos porque no están tan evolucionados.

Para evitar ese escollo, es importante recordar que hay muy pocas personas a las que su Self les haga de guía plena y constantemente. En el tortuoso camino de la vida, todos somos rechazados, humillados, abandonados y traumatizados en mayor o menor medida. Todos tenemos reservas de dolor y vergüenza, y estrategias de protección reforzadas por nuestra cultura. Todos llegamos a desconfiar de nosotros mismos y nos ponemos una serie de máscaras. Hasta que esas reservas no se vacíen por completo y nuestros protectores no se relajen del todo, el Self solo nos guiará de manera efímera, en el mejor de los casos. Avanzamos hacia el liderazgo del Self por grados, acumulando lentamente momentos de flujo interior y exterior, descubriendo poco a poco que no nos aniquilamos cuando mantenemos el corazón abierto frente a la ira, que el cielo no se nos cae encima cuando dejamos de preocuparnos constantemente y que podemos consolar a los niños interiores heridos en lugar de sentirnos abrumados por ellos o exiliarlos. En su libro infantil *El conejo de terciopelo*, Margery Williams nos proporciona una perspectiva a largo plazo:

> "¿Qué es ser REAL?", preguntó un día el Conejo […] "¿Te sucede de golpe o poco a poco?".
> "No ocurre de golpe", dijo el Caballo. "Te vas haciendo poco a poco y tarda mucho tiempo. Por eso no suele ocurrirle a los que se quiebran con facilidad, o a los que tienen bordes afilados, o a los que se guardan cuidadosamente. Generalmente, para cuando eres REAL, ya te han arrancado casi todo el pelo, se te han caído los ojos, se te han aflojado las articulaciones y te sientes muy maltrecho. Pero estas cosas ya no importan, porque una vez que eres REAL ya no puedes ser feo, excepto para la gente que no lo entiende"[3].

El modelo IFS presenta un camino para llegar a ser más real, para conseguir un mayor liderazgo del Self. Te ayuda a aprender a romperte con menos facilidad, a suavizar tus bordes afilados y a que no sea necesario guardarte con tanto cuidado. No siempre es un camino fácil o rápido, pero la mayoría de las personas empiezan a sentirse mucho mejor mucho antes de que se les caiga el pelo y se les descuelguen los ojos. También es cierto que, una vez que tu Self está al mando, sabes que no puedes ser feo y que puedes ayudar a las partes que están hechas para sentirse feas.

Sin embargo, pocas personas acuden a mí pidiendo un mayor liderazgo del Self. Vienen porque hay personas o situaciones que les afectan, así como sus emociones, pensamientos o síntomas. A medida que acceden a su Self para deshacer las enredadas relaciones internas relacionadas con esos impactos, descubren que no solo mejoran los problemas por los que acudieron a terapia, sino que, además, también lo hacen su perspectiva y su funcionamiento en general. Tienen más Self en sus vidas.

CUALIDADES DEL SELF

Sigamos examinando las cualidades del Self. Como ya hemos dicho, las escuelas esotéricas del mundo coinciden en que ese estado existe en nuestro interior. Sin embargo, en la mayoría de esas escuelas los mensajes sugieren que el lenguaje es inadecuado para captar este concepto del Self. Puede que sea así, pero como hay diferentes personas que describen experiencias similares y muestran cualidades parecidas cuando se encuentran en ese estado, podemos describir aspectos de esas experiencias y cualidades. Para aclarar este debate, me parece útil diferenciar entre lo que la gente refiere mientras medita —mientras el océano la reabsorbe— y cómo es la gente cuando su Self dirige activamente su vida cotidiana —como una ola en el océano—. Ese estado oceánico es el que parece tan difícil de describir. Las personas refieren sentirse como si no tuvieran límites; se sienten unidas al universo y pierden su identidad como seres independientes. Esto va acompañado de una sensación de amplitud corporal y mental que puede proporcionar una experiencia de gran satisfacción, así como momentos de felicidad.

A menudo, las personas sienten pulsos de energía o un calor que les recorre el cuerpo, y pueden percibir luz en su interior o a su alrededor. A medida que profundizan en su práctica meditativa, se encuentran con diferentes niveles y etapas que las distintas tradiciones esotéricas han explorado y trazado. Mi propósito aquí no es tanto familiarizarte con esos reinos etéreos como ayudarte a llevar algo de esa conciencia, amplitud y energía a tus tareas y relaciones cotidianas. ¿Qué cualidades manifiestan y muestran las personas cuando viven en el mundo manteniendo la memoria de lo que realmente son? ¿Cuáles son las características del liderazgo del Self?

Desconozco la respuesta completa a esa pregunta. Lo que sí puedo describir después de veinte años ayudando mis pacientes a avanzar hacia un mayor liderazgo del Self es lo que muestran a medida que encarnan cada vez más el Self. Al buscar adjetivos con los que captar mis observaciones, se me ocurrieron repetidamente palabras que empezaban por la letra C, así que vamos a recorrer las ocho C del liderazgo del Self: calma, claridad, curiosidad, compasión, confianza, coraje, creatividad y conexión.

Calma

Existe una sensación generalizada de calma fisiológica y mental que acompaña al liderazgo del Self. Muchas personas, sobre todo las que han sufrido traumas, sienten una tensión constante en el cuerpo, como si estuvieran conteniendo un muelle fuertemente enrollado en su interior que las vuelve hipervigilantes y agitadas. Si ese es tu caso, este estado de excitación física te hace reaccionar de forma exagerada ante los demás y te impide relajarte de verdad. Tu mente es un reflejo de ese estado de excitación, con pensamientos e impulsos saltando de un lado a otro o, como dice la metáfora budista, como un mono hiperactivo o borracho.

A medida que vayas encarnando tu Self, sentirás alivio al encontrar mucha menos actividad en tu cuerpo y en tu mente. Como resultado, reaccionarás a los desencadenantes de tu entorno de formas menos automáticas y extremas. Los monos de tu mente se apaciguan y disfrutan de la reducción de preocupaciones y responsabilidades que supone confiar en tu Self para gestionar el mundo. Ante la ira, no te abruman los impulsos habituales de lucha, huida o congelación, sino que mantienes una ecuanimidad interior. Muchas personas parecen tranquilas por fuera, pero por dentro son un frenesí de actividad. Muchos de nosotros hemos sido entrenados para ocultar nuestra angustia tras un exterior tranquilo y pensativo, pero eso es estar congelado, no tranquilo.

Esto no quiere decir que cuando el Self tenga las riendas, vayamos por la vida en un estado búdico de sereno desapego. Nos subimos a la montaña rusa de la vida como todo el mundo. Es solo que esa experiencia que nos dejaba las manos doloridas de agarrarnos tan fuerte a menudo se vuelve interesante y, a veces, dolorosa o alegre. Si antes te sentías totalmente absorbido por cada emoción, o absolutamente aislado de todas ellas, ahora experimentas las olas de los sentimientos, pero también mantienes un centro de calma que nunca se desvanece del todo: el centro del ciclón, lo que yo llamo el *"yo" en el ojo del huracán*.

Claridad

Defino la claridad como la capacidad de percibir las situaciones sin la distorsión de creencias y emociones extremas; en otras palabras, ver a través de los ojos del Self. Al trabajar extensamente con pacientes con trastornos alimentarios, he sido testigo del poder con el que pueden afectar ciertas partes de nosotros a nuestras percepciones. Cuando un paciente con anorexia se mira al espejo, literalmente ve a una persona gorda. Pero ese es solo un ejemplo extremo del tipo de distorsión que hacemos sin cesar. Por ejemplo, intenta recordar un momento en el que te encapricharas de alguien. Puede que no te dieras cuenta de las evidentes señales de alarma. Luego, cuando esa misma persona hizo algo hiriente, es probable que lo único que vieras fueran sus defectos y te preguntaras qué te gustaba de ella. Esta sabia historia lo ilustra muy bien:

> Un hombre que había perdido su hacha sospechaba del hijo de su vecino. El chico caminaba como un ladrón, parecía un ladrón y hablaba como un ladrón. Al poco tiempo el hombre encontró su hacha mientras cavaba en el valle, y la siguiente vez que vio al hijo de su vecino, el chico caminaba, parecía y hablaba como cualquier otro niño.

En otras palabras, rara vez miramos a una persona o a una situación desde una perspectiva nueva y abierta, porque sacamos conclusiones rápidas y automáticas basadas en experiencias anteriores y en el deseo actual. Como reza el dicho, a alguien que solo tiene un martillo todo le parece un clavo. Tuve un paciente —llamémoslo Klaus— que estaba desesperado por casarse. Una parte de él evaluaba inmediatamente si cada mujer que conocía podía ser una pareja potencial o no. Además, Klaus sentía que había sido rechazado por su madre a una edad temprana, por lo que una parte protectora clasificaba a cada pareja potencial como parecida a mamá (es decir, peligrosa) o no. Para complicarlo aún más, Klaus siempre había deseado que su madre lo aceptara, por lo que otra parte de él quería que la posible pareja fuera como mamá y no le permitía sentirse atraído por mujeres que no lo fueran. Cada mujer que conocía entraba involuntariamente en su sistema de radar con todas sus categorías contradictorias y, en consecuencia, sus cualidades eran distorsionadas o ignoradas. Las mujeres con las que salía se quejaban de recibir muchos mensajes contradictorios y afirmaban que él no las conocía realmente. Y tenían razón.

Para que Klaus conociera realmente a alguna de estas mujeres, tendría que conseguir que todas estas partes y sus proyecciones dieran un paso atrás y dejar que su Self empezara a desarrollar una relación con cada mujer. Cuando eso es posible, tenemos lo que los budistas llaman la mente del principiante, una perspectiva en la que existen muchas posibilidades debido a la ausencia de preconceptos y proyecciones. Por el contrario, la mente del experto está repleta de creencias que limitan la percepción y las posibilidades.

Nuestras partes suelen creerse expertas en el mundo. El Self siempre tiene una mente de principiante.

Curiosidad

La mente del principiante no solo alberga muchas posibilidades, sino que también está llena de asombro ante el mundo. Si no prejuzgamos las cosas, somos perpetuamente curiosos. Al igual que un niño inquisitivo, rebosamos de interés inocente por la gente y por sus reacciones. Si se enfadan con nosotros y nuestra visión de ellos no está empañada por sentimientos relacionados con otras personas que se hayan enfadado con nosotros en el pasado, sentimos curiosidad por su enfado. Cuando les preguntamos, no perciben miedo ni juicio en nuestra pregunta, solo un interés inocente.

Este tipo de curiosidad es la esencia del enfoque IFS. Es la forma en que el Self se relaciona no solo con las personas, sino también con las voces interiores. Cuando somos capaces de interesarnos sin prejuicios incluso por nuestros demonios internos más odiados (como el desprecio, el racismo y el odio hacia uno mismo), descubrimos que esos diálogos internos son iluminadores y transformadores. Los budistas llaman atención plena a este tipo de curiosidad abierta y carente de esfuerzo hacia nuestros pensamientos y emociones interiores. Muchas de sus prácticas están diseñadas para ayudar a las personas a ser más conscientes.

Ese tipo de curiosidad pura y candorosa desarma a la gente. Las personas y partes de nosotros sienten que ya no deben protegerse porque perciben que lo que pretendemos es comprenderlas. Como lo único que quieren es que las comprendan, se quedan sin motivos para seguir enfadadas o a la defensiva. Es más, normalmente les alegra contar su historia y sentirse escuchadas por una persona que no intenta cambiarlas. Es lo que en este libro denomino *ser testigos,* es decir, preguntar y escuchar a una persona o a una parte con auténtica curiosidad y con la intención de alcanzar la siguiente cualidad: la compasión.

Compasión

Cuando tu visión de las personas no está distorsionada por las partes de ti que las temen o las necesitan, no te afecta tanto las formas en que se protegen. Entonces tu curiosidad puede llevarte a trascender su enfado o distanciamiento y conocer el daño que están protegiendo.

Para aclarar qué se entiende por compasión, quiero contrastarla con la lástima y la empatía. Experimentas lástima cuando ves a alguien sufrir y sientes pena por esa persona, pero al mismo tiempo una parte de ti se alegra de que esa persona no seas tú. Tu mente está ocupada pensando en razones por las que tú no cometerías los errores que esa persona ha cometido y que le han causado sufrimiento. La lástima implica tanto un distanciamiento protector como cierta condescendencia. Tu pena por el que sufre procede de un lugar de separación.

Cuando sientes empatía, tienes cierto nivel de autoconciencia, de manera que, al ver sufrir a una persona, sabes que una parte de ti sufre de la misma manera, así que te identificas con el dolor del que sufre. En cierto sentido, esa persona es igual que tú. La empatía abre el corazón y produce un fuerte deseo de ayudar a esa persona. Sin embargo, el peligro de la empatía radica en que, si te identificas demasiado, sentirás la presión de aliviar la pena del otro. No puedes tolerar tu propio dolor, así que no soportas que el otro sufra. La otra consecuencia habitual de sentir demasiada empatía es distanciarse de la otra persona porque su dolor te hace sufrir demasiado.

Cuando sientes compasión, ves a una persona sufrir, sientes empatía por ella y sabes que tiene un Self que, una vez liberado, puede aliviar su propia pena. Si las personas alivian su propio sufrimiento, aprenden a confiar en su propio Self e interiorizan cualquier lección que el sufrimiento tenga que enseñarles. Por lo tanto, la compasión conduce a hacer todo lo posible para fomentar la liberación del Self del otro, en lugar de convertirse en su sanador. Con compasión, puedes estar abiertamente presente con los que sufren sin sentir el impulso de cambiarlos o de distanciarte de ellos. Con frecuencia, este tipo de presencia del Self liberará su propio Self. Por descontado, hay situaciones en las que el Self del otro no puede ser liberado mientras se siente abrumado por el dolor físico o la enfermedad. En esos casos, lo compasivo es tratar primero esos problemas mientras se mantiene la intención de que el alivio conduzca a un mayor liderazgo del Self.

Además, a medida que tu Self vaya ganando liderazgo —es decir, conforme vaya siendo cada vez más consciente del océano y no solo de las olas—, se reducirá la sensación de separación con respecto a los demás. El deseo de ayudar a las personas que sufren, así como a las que generan sufrimiento, surge espontáneamente con el aumento de la apreciación de nuestra interconexión. Surge de la comprensión intuitiva de que el sufrimiento de los demás te afecta porque, en cierto nivel, el otro eres tú. Para la mayoría de la gente, no es un pensamiento consciente, simplemente se sienten atraídos a hacer algo "más significativo" con sus vidas. Estas líneas del monje budista Thich Nhat Hanh captan la compasión que surge de la conciencia de la interconexión:

Soy el niño de Uganda, todo piel y huesos, con piernas delgadas como cañas de bambú, y soy el comerciante de armas que vende armas mortales a Uganda. Soy la niña de 12 años refugiada en un pequeño bote que se arroja al mar tras ser violada por un pirata, y soy el pirata cuyo corazón es incapaz de amar. […] Por favor, llámame por mis verdaderos nombres para que pueda despertar y quede abierta la puerta de mi corazón, la puerta de la compasión.[4]

Confianza

Una de las razones por las que las personas lideradas por su Self pueden mantener la calma y la claridad ante la ira es porque confían en que, independientemente de lo que la persona ofendida afirme que ha ocurrido, eso no significa que sea mala o que vaya a sufrir un daño permanente. No estamos a la defensiva porque alguien nos esté atacando, sino porque es probable que el ataque provoque nuestras críticas internas, que a su vez desencadenan la sensación de inutilidad y de terror que hemos ido acumulando desde la infancia. Cualquier desaire que recibimos en el presente desencadena en nuestro interior una cámara de resonancia en la que habitan todas las heridas similares que hemos acumulado en el pasado. No tememos los acontecimientos presentes, sino las interminables reverberaciones que tendremos que soportar. Nos aterra cualquier incidente que confirme nuestros peores temores sobre nosotros mismos.

A medida que las personas sanan sus partes vulnerables, sus voces críticas se relajan y sus defensas se suavizan. Se sienten seguras de sí mismas en el sentido de que su Self ha sanado esas partes y ha demostrado su capacidad para protegerlas o consolarlas si vuelven a hacerles daño. Cuando es así, te vuelves menos susceptible a las provocaciones anteriores porque esas cosas ya no activan tus cámaras de resonancia internas de heridas pasadas. En lugar de eso, reaccionas ante la situación presente, que puede implicar peligro o dolor, con la confianza de que puedes gestionar o reparar lo que ocurra. Sin reaccionar de forma exagerada, adoptas medidas para protegerte y, si las interacciones son dolorosas, después cuidas a las partes que resultaron heridas.

Esto está en las antípodas de nuestra tendencia socializada a encerrar esas partes heridas con el objetivo de "dejarlo pasar, no mirar atrás y seguir adelante". Como resultado de esa filosofía, no solo acumulamos cada vez más dolor, sino que también abandonamos y aislamos a nuestras partes infantiles dolidas en lugar de nutrirlas. Esta estrategia conduce a una confianza cada vez menor en el Self, a una mayor vulnerabilidad ante las adversidades que nos rodean y, en consecuencia, a una mayor protección y sensación de ser un individuo separado, aislado y solitario.

En lo que respecta al Self, la confianza también tiene otro significado. Saber que somos parte del océano y no solo una ola aislada trae consigo lo que podría llamarse una sensación de gracia. Es difícil definir la gracia. En el cristianismo, la gracia se ha considerado tradicionalmente un don o una bendición de Dios. En este libro, se asocia con la confianza en el sentido de que, como me dijo un paciente, "soy amado y soy amor. No importa lo mal que pinten las cosas, todo está bien y saldrá como tenga que salir". Con este tipo de confianza en la bondad esencial de la vida surge una apertura a la belleza del mundo y un deseo de experimentar esa belleza en cada momento. Es complicado permanecer en el presente el tiempo suficiente como para experimentar la belleza si careces de este tipo de confianza, porque los planes futuros para tu supervivencia o gratificación te consumirán.

Las personas con este tipo de confianza son carismáticas (otra palabra que empieza por la letra C), no en el sentido de ser llamativas, inteligentes o poderosas, sino en el sentido en que los griegos usaban originalmente la palabra para referirse a "tener el don de la gracia". Cuando a una persona la guía su Self, posee el carisma de la autenticidad.

Coraje

Clarence Darrow, el famoso defensor de la reforma legal y social, dijo una vez: "Lo más humano que podemos hacer es consolar a los afligidos y afligir a los que sienten cómodos". El Self tiene el coraje de hacer ambas cosas.

Se podría pensar que el sentido de la gracia del Self de que "todo está bien" conduce a una pasividad indiferente y a la aceptación de las injusticias de la vida, pero esa no es la naturaleza del Self. La claridad del Self hace que a la gente le resulte difícil negar la injusticia e ignorar el sufrimiento. La compasión del Self lleva a las personas a resistirse a la tiranía y a luchar por los oprimidos. Las palabras del Self traen esperanza a los desesperados. La energía del Self se filtra entre las grietas de los muros del tirano y los erosiona poco a poco.

En consecuencia, los agresores atacan a las personas cada vez que muestran algún atisbo de liderazgo del Self. Los agresores saben que esta es la manera de controlar a la gente, por lo que prácticamente todos mis pacientes que han sufrido abusos sexuales refieren que cada vez que actuaban de manera enérgica, espontánea o independiente, eran castigados verbal o físicamente. A consecuencia de esto, llegaron a temer al Self y a mantenerlo fuera de su cuerpo.

Así, en lugar de volver pasivas a las personas, la confianza y la gracia tienen el efecto contrario. Si no tememos los ataques porque no somos tan vulnerables y confiamos en que podemos afrontar las consecuencias, el coraje nos resultará mucho más accesible. Si sabemos que todo el mundo es una ola en el mismo océano, desafiaremos la injusticia sin juzgarla. Aunque hasta ahora hemos hecho hincapié en el lado compasivo y nutritivo del Self, es importante recordar que la energía del Self también puede ser enérgica y protectora. Las artes marciales cultivan ese lado protector del Self.

Podemos ser contundentes sin juzgar porque sabemos que, independientemente de cómo se comporte un agresor, tiene un Self, y nuestro objetivo es suscitarlo, no agobiarlo más con nuestro juicio. Como dijo el líder de los derechos civiles Martin Luther King Jr.: "Debemos reconocer que la mala acción de nuestro enemigo, lo que hace daño, nunca expresa todo lo que es. Podemos encontrar un elemento de bondad incluso en nuestro peor enemigo"[5].

En otro lugar escribió:

Debemos reconocer que el acto negativo del enemigo no representa al individuo en su totalidad. Su mala acción no representa todo su ser. […]

Cuando reconocemos que la mala acción de nuestro prójimo enemigo no representa todo su ser, desarrollamos la capacidad de quererlo a pesar de su mala accion.[6]

El coraje no consiste solo en ser la voz de los marginados. A menudo hace falta más valor para reconocer el daño que hacemos a los demás e intentar enmendarlo. La claridad nos ayuda a ver lo que hemos hecho y, si tenemos confianza, a comprender que cometer errores no significa que seamos malas personas. Tendremos el coraje de escuchar la historia del otro con curiosidad, de disculparnos sinceramente y de preguntar qué se puede hacer para reparar el daño. Cuando a una persona la guía su Self, no solo tiene el valor de actuar, sino también de rendir cuentas por su actuación.

A medida que emerge el Self de un paciente, este da cada vez más señas de otro aspecto del coraje: la voluntad de abordar su dolor y su vergüenza.

A menudo, los viajes internos de los pacientes implican entrar en los lugares más aterradores de su psique. Con frecuencia acaban siendo testigos de acontecimientos de su pasado cuyo impacto habían intentado minimizar u olvidar por completo, lo que, a su vez, suele conducir a una visión más clara de las relaciones clave en el mundo exterior y a la determinación de cambiar esas relaciones. Estos cambios a veces implican riesgos financieros y emocionales. Hace falta coraje para mirar y coraje para actuar en consecuencia.

Creatividad

Muchos científicos, inventores y artistas afirman que la inspiración les llegó de repente y plenamente formada desde su intuición inconsciente, y no como resultado de la labor de sus mentes racionales. Los investigadores que intentan aumentar la creatividad de las personas utilizan técnicas como la biorretroalimentación para acallar el ruido interno de la mente y acceder a estados más profundos[7]. Como dice la escritora Anne Lamott:

> Recuperas tu intuición cuando le das espacio, cuando dejas de parlotear con la mente racional. La mente racional no te nutre. Supones que te dice la verdad porque la mente racional es el becerro de oro al que adoramos en nuestra cultura, pero no es cierto. La racionalidad excluye lo que es rico, jugoso y fascinante.[8]

Mi experiencia con los pacientes lo confirma. A medida que su ruido interior disminuye y surge su Self, empiezan a sacar partido de una especie de sabiduría creativa. Surgen soluciones a problemas antiguos que a menudo implican un pensamiento lateral, fuera de lo establecido, que no era posible cuando estaban dominados por partes de ellos que imponían tantas reglas sobre sus vidas y relaciones. Parece que el Self tiene una sabiduría innata sobre cómo crear armonía en las relaciones, ya sean con personas de su entorno o con partes de su interior. El Self sabe automáticamente cómo nutrir a los demás y tiene la claridad, la compasión y el coraje para hacerlo.

Además, a medida que las personas se liberan de las garras de sus críticos internos y de su preocupación por la aprobación de los demás, sienten un mayor deseo y capacidad de acceder al estado de flujo, en el que la expresión creativa fluye espontáneamente de ellas y se sumergen en el placer de la actividad[9]. A menudo empiezan a sentir que están destinadas a hacer algún tipo de contribución, y experimentan un gran alivio a medida que avanzan en la dirección de hacer que eso ocurra.

Sin embargo, volviendo a uno de los puntos clave de este libro, acallar la mente rara vez es suficiente. Permitir una verdadera autoexpresión requiere el valor de liberar todas las partes creativas que tenemos encerradas en contenedores interiores. Anne Lamott lo sabe:

> Pero no puedes llegar a ninguna de estas verdades sentado en el campo sonriendo beatíficamente, evitando tu ira, tu daño y tu dolor. La ira, el daño y el dolor son el camino hacia la verdad. No tenemos mucha verdad que expresar a menos que hayamos accedido a esas habitaciones y armarios y bosques y abismos a los que nos dijeron que no entráramos. Cuando hayamos entrado y mirado a nuestro alrededor durante un buen rato, respirando y finalmente asimilándolo, entonces seremos capaces de hablar con nuestra propia voz y de permanecer en el momento presente. Y ese momento es nuestro hogar.[10]

Conexión

A medida que encarnamos cada vez más el Self, sentimos una creciente conexión con todos los Selfs que nos rodean. Como parece que la naturaleza del Self radica en querer fortalecer todas esas conexiones, las personas suelen pasar más tiempo con otras cuyo Self pueden sentir. En consecuencia, a menudo abandonan las relaciones y las actividades que les alejan de sentir esas conexiones.

La última frase de Lamott, "y ese momento es nuestro hogar", también se aplica a lo que sientes cuando estableces una conexión de tú a tú con alguien. Se da esa sensación sedienta de conocer por fin a alguien que sabe quién eres de verdad. También se da el alivio de poder prescindir de las pesadas máscaras con las que intentamos impresionar a los demás u ocultarnos y, en su lugar, de permitir que brille la luz de nuestro Self. La escritora Joan Borysenko describe una experiencia que tuvo con un hombre al que conoció y que se estaba muriendo de sida:

> Tras una conversación dispersa, Sam me miró a los ojos y me dijo: "Nunca me he sentido tan tranquilo, tan seguro". Yo me puse a llorar, sintiéndome también segura en el sentido más amplio del Self, el Self espiritual. Sam me tomó de las manos y dijo algo así como que mis hijos debían de quererme mucho, que eran muy afortunados.

Empecé a trabarme al hablar, a sabiendas de que él había vislumbrado algo dentro de mí que no suele estar disponible, ni siquiera para las personas a las que más quiero. Sentí que la relación entre nosotros era lo que había dejado entrar la Luz. Yo era mi Self solo porque él era su propio Self en ese preciso momento. El parloteo, las dudas y las cavilaciones del ego se habían desvanecido. Habíamos visto a Dios en el otro. A ninguno de los dos nos importaba nuestro aspecto ni lo ingeniosas que pudieran ser nuestras palabras. Ni siquiera nos importaba que el mundo se acabara. Nos sentíamos plenos, sin más. Nuestras vidas habían tenido un propósito y un significado en ese hermoso momento.[11]

Estos momentos sagrados y memorables son demasiado escasos para la mayoría de nosotros. Sin embargo, cuando una persona está guiada por el Self, estas conexiones no solo se anhelan, sino que también son más posibles. Esto se debe a que el Self en una persona es un imán para el Self en otra. Quizás un diapasón sea una metáfora más adecuada. Cuando estás en el Self, las vibraciones activan el Self del otro. Cuando estás en presencia del Self de otra persona, tus defensas se relajan porque sientes que no te van a juzgar ni a controlarte, y tu propio Self surge naturalmente. Como no tienes tanto miedo a que te hagan daño, las conexiones entre Selfs son más posibles porque tienes la confianza de que puedes reparar rápidamente cualquier daño causado por los rechazos.

Además de aumentar tu conexión con otras personas y con tus partes (conexión horizontal), es probable que sientas una mayor conexión con la unidad del universo o de la naturaleza. Me he dado cuenta de que las personas empiezan a sentirse más conectadas verticalmente con el Espíritu y con la Tierra a medida que sus partes se relajan y su Self se libera, y se sienten atraídas por actividades y personas que abren aún más esas puertas. Las palabras del eminente neurocientífico Francisco Varela captan este estado de conexión:

Cuando estamos en contacto con nuestra "naturaleza abierta", nuestro vacío, ejercemos una enorme atracción hacia otros seres humanos. Y si otros están en el mismo espacio o acceden a él, resuenan en nosotros e inmediatamente se nos abren las puertas. Este estado —donde conectamos profundamente con los demás y se abren las puertas— está ahí esperándonos. Es como una ilusión óptica. Todo lo que tenemos que hacer es entrecerrar los ojos y ver que ha estado ahí todo el tiempo, esperándonos. Todo lo que tenemos que hacer es percibir nuestra unicidad.[12]

Estas son las ocho C del liderazgo del Self. Hay otras palabras que comienzan con C que me planteé incluir, como *conciencia, contento* y *constancia*, pero creo que quedan suficientemente cubiertas en la lista anterior. Otras cualidades importantes del Self, como la alegría, el humor, el perdón, la celebración y la gratitud, no se han tratado a fondo en la lista anterior.

Hay otra larga lista de palabras que comienzan con C que describen a las personas cuando su Self queda enterrado bajo el ruido y la emoción. Algunas de ellas son: *cerrado, confuso, congestionado, caótico, cobarde, complaciente, crítico, cruel, cínico, controlador, coercitivo, compulsivo* y *confabulador*.

─── EJERCICIOS ─────────────────────

Ver desde el Self

Piensa en una persona de tu vida a la que hayas cerrado tu corazón. Quizá sea alguien que te ha hecho daño en el pasado y en quien has decidido no volver a confiar. Tal vez sea una persona que tiene cualidades que te ponen de los nervios. Una vez que tengas una persona en mente, imagina que esa persona está en una habitación y que tú estás fuera de la habitación mirándola a través de una ventana. Observa cómo te sientes al mirar a esa persona. Puede que te sientas enfadado, distante, asustado o crítico.

Ahora cambia tu enfoque hacia ese sentimiento y pregúntale si estaría dispuesto a separarse un poco de ti, solo un momento, mientras permaneces fuera de la habitación. Puede parecer extraño hablarle así a un sentimiento, pero, por el bien del ejercicio, sígueme la corriente y observa cómo te sientes. Si después de pedirle al sentimiento que se separe de ti, notas que la energía de ese sentimiento se retira, fíjate en qué emoción o pensamiento surge a continuación en relación con la persona que está en la habitación. Si lo siguiente que surge no es curiosidad, aceptación o compasión, es decir, si surge un sentimiento o pensamiento que no procedería de tu Self, pídele también a ese sentimiento o pensamiento que se aparte. Si al hacer este ejercicio no percibes una disminución de las emociones o pensamientos protectores, pregúntales qué temen que ocurra si se separan. A veces, esas partes de nosotros tienen buenas razones para no querer apartarse y dejarnos de nuevo vulnerables ante esa persona. Puedes asegurarles que no entrarás en la habitación de este ejercicio imaginado ni correrás nuevos riesgos con esa persona en la vida real. Solo quieres hacerte una breve idea de lo que ocurre cuando te dejan estar presente fuera de la habitación.

Si tus partes protectoras se separan, es posible que hayas empezado a experimentar espontáneamente cómo emergen cualidades de tu Self. Tal vez de repente han sentido curiosidad por saber por qué la persona actuaba de esa manera, o has sido capaz de ver la situación desde la perspectiva de esa persona y comprender mejor su comportamiento. Tal vez sigas sin querer acercarte a esa persona, pero sientas menos necesidad de cambiarla. Fíjate si la imagen de la persona ha cambiado; tal vez se haya vuelto menos repulsiva o amenazadora.

Si eres escéptico a la hora de hacer este ejercicio porque crees que la lectura del capítulo puede haber inducido tu reacción, pruébalo con alguien que conozcas bien y que no sepa de lo que se trata. El propósito obvio de este ejercicio es que te hagas una idea de que realmente tienes una esencia compasiva y confiada que puede surgir espontáneamente, incluso cuando te enfrentas a alguien a quien has expulsado de tu corazón. También es una valiosa introducción a la posibilidad de que puedas mantener conversaciones con emociones y pensamientos, y de que, si los respetas y abordas sus miedos, a menudo se vuelvan más capaces de respetar tus peticiones. En otras palabras, el ejercicio puede ser una apertura a una nueva forma de relación contigo mismo.

Ejercicio del camino

(Quizá sea interesante que alguien te lea este ejercicio.)

Colócate en una posición relajada y respira profundamente varias veces. Imagina que estás al comienzo de un camino. Puede ser cualquier camino, uno con el que estés familiarizado o uno en el que nunca hayas estado. Antes de empezar a caminar, reúnete con tus emociones y pensamientos (tus partes) al principio del camino y pídeles que se queden allí y te permitan seguir sin ellas. Si tienen miedo de dejarte ir, asegúrales que no estarás fuera mucho tiempo y que tanto tú como ellas os beneficiaréis de la experiencia. Intenta que las partes asustadas sean atendidas por las que no lo están. Si algunas partes siguen teniendo miedo de dejarte ir, no te vayas y, en su lugar, dedica algún tiempo a hablar con ellas de sus miedos. ¿Qué temen que ocurra exactamente si te dejan ir por tu cuenta? Si, por el contrario, sientes que te dan permiso para irte, emprende el camino. Observa si te estás observando a ti mismo en el camino o si estás en él de tal manera que no te ves a ti mismo, sino que solo ves o percibes lo que te rodea. Si te estás observando, es señal de que una parte está presente. Encuentra la parte que tiene miedo de dejarte avanzar por el camino y pídele que se relaje y vuelva al principio. Si no lo hace, dedica tiempo a explorar sus miedos.

Mientras continúas por el camino, observa si estás pensando en algo. Si es así, pide a esos pensamientos que vuelvan también al comienzo del camino, de modo que te conviertas cada vez más en conciencia pura. Mientras continúas por el camino, comprueba periódicamente si estás pensando y, si es así, envía suavemente a esos pensamientos de vuelta. Cuando te abandone cada parte, observa lo que le ocurre a tu cuerpo y a tu mente. Observa la cantidad de espacio que percibes a tu alrededor y el tipo de energía que fluye en tu cuerpo.

Cuando sientas que has pasado suficiente tiempo en el camino lejos de tus partes, emprende tu camino de regreso. Comprueba si es posible mantener la amplitud y la energía que sientes incluso cuando vuelves a acercarte a tus partes. Cuando vuelvas al comienzo, reúnete con tus partes y comprueba cómo les ha ido sin ti y qué podrían necesitar de ti. Una vez finalizado el proceso, agradéceles que te hayan dejado marchar, si ha sido así. Si no lo han hecho, agradéceles que te hayan hecho saber que tenían miedo de dejarte marchar.

A continuación, vuelve a respirar profundamente y sigue tu respiración hacia el mundo exterior.

Al igual que el ejercicio anterior, el del camino tiene varios propósitos. Uno es darte una pequeña muestra de quién eres realmente, es decir, de cómo eres cuando te separas de tus pensamientos y emociones ordinarios. Una vez lejos de sus partes, la mayoría de la gente tiene una experiencia similar. Se sienten más ligeras, más tranquilas y radiantes, a veces alegres y en el presente. La gente medita para alcanzar este estado; el camino no es más que un dispositivo de imágenes para ayudarte a descender por debajo de la superficie de tu conciencia ordinaria hasta el estado oceánico del Self. Sin embargo, a diferencia de muchas otras técnicas meditativas, este ejercicio del camino hace explícitas las negociaciones con varias partes. Utilizar un mantra o concentrarse en la respiración tiene un efecto similar en las partes, las adormece y las lleva a un estado de relajación, pero este ejercicio consigue ese fin de forma más directa, por lo que tienes la oportunidad de escuchar las necesidades de partes específicas.

Cuando las personas hacen este ejercicio por primera vez, a menudo se dan cuenta de que muchas de sus partes no les permiten caminar. Si te ha ocurrido eso, no te sientas mal; simplemente significa que tus partes no se sentían lo bastante seguras en ese contexto y ese día concretos. Si tus partes no te han dejado avanzar, es posible que hayas logrado otro de los objetivos principales de este ejercicio: descubrir las partes que temen separarse de ti y aprender a qué le tienen miedo. A partir de ese descubrimiento, sabrás cuáles son las partes clave que necesitan tu ayuda y podrás empezar a trabajar con ellas de las formas que se describen más adelante en este libro.

Algunas personas que inician el camino se dan cuenta de que siguen pensando y descubren que han estado tan identificadas con ciertas partes que consideraban que las partes eran lo que ellas eran, es decir, confundían una o más partes con su Self. Al principio puede ser bastante desconcertante descubrir lo que podríamos llamar *partes que imitan al Self* (también conocidas como *partes parecidas al Self*) porque su existencia supone un desafío a tu identidad. Sin embargo, en última instancia siempre es valioso y liberador encontrar estas partes que imitan al Self y liberarlas de sus cargas de responsabilidad.

En esta línea, quiero pedirte que estés en el camino en lugar de verte a ti mismo en él. Si te ves a ti mismo durante un ejercicio imaginado, estás experimentando una parte, no tu Self. Esto se debe a que tu Self es el que ve —la sede última de tu consciencia—, por lo que, en consecuencia, no puedes ver tu Self. Si pudieras, ¿quién estaría presenciando tu Self? En diferentes ejercicios a lo largo de este libro, te invitaré a acceder a tus partes e interactuar con ellas. Cuando lo hagas, asegúrate de que no te estás viendo a ti mismo haciéndolo, sino que estás realmente allí.

Conforme vayas familiarizándote con el proceso de ayudar a las partes a confiar en que es seguro permitirte separarte, puede que ya no necesites una imagen como el camino; puede que crees una imagen que te guste más, o puede que descubras que, con solo notar tus partes, estas se relajan y se separan. Una forma de meditación budista guía a los participantes para que hagan precisamente eso: simplemente fíjate en cualquier pensamiento o sentimiento que surja mientras te sientas y te concentras en tu respiración.

A medida que tus partes confíen más en ti, descubrirás que tu capacidad para separarte rápidamente y entrar en el estado del Self mejora drásticamente, de modo que puedes vivir cada vez más desde ese lugar. El tiempo que tardes en conseguirlo dependerá más de la cantidad de cargas (pensamientos y emociones extremas del mundo exterior que se introdujeron en tu sistema) que lleven tus partes que de la regularidad con la que medites, que también puede ayudar. Como aprenderemos, el proceso de descarga es el que libera tu Self.

CAPÍTULO III

LAS PARTES

Padecemos un caso de confusión de identidad. La cultura occidental nos ha vendido una imagen falsa de lo que realmente somos. Bajo la superficie de todo ese parloteo interior y esa agitación emocional, somos mucho más de lo que nos han hecho creer. Pero volvamos un momento al parloteo y a la agitación. No es cuestión de poner a tu Self a liderar tus partes. Más bien, las partes protectoras que dirigen tu vida deben llegar a confiar en que es seguro permitir más liderazgo del Self. En este capítulo, conoceremos las partes y aprenderemos cómo funcionan.

Volvamos a Anya y a otros pacientes de principios de mi carrera que describían sus emociones y pensamientos extremos con este lenguaje de partes, como si estos pacientes contuvieran grupos enteros de subpersonalidades autónomas enfrentadas. En aquel momento, yo no tenía conciencia personal de ninguna parte que funcionara de forma independiente dentro de mí. Como a la mayoría de la gente, me habían socializado para creer que la mente es unitaria, y la mía estaba dominada por una parte intelectual que lograba oscurecer todas las demás. Pensaba que cualquiera que tuviera personalidades autónomas en su interior debía de padecer una enfermedad mental grave. Empecé a preocuparme de que esos pacientes tuvieran un trastorno de identidad disociativo o alguna otra patología severa.

Esa perspectiva duró hasta que me centré en mi interior y empecé a escuchar mis propios patrones crónicos de pensamiento y sentimiento. Descubrí que me contestaban de formas que yo no estaba creando ni imaginando. Mi parte enfadada odiaba a la que me criticaba y viceversa. Me di cuenta de que parte de lo que yo llamaba "pensamiento" eran en realidad batallas internas entre esas dos partes. Por ejemplo, si olvidaba hacer algo por mi mujer, la parte crítica me atacaba por ser desconsiderado o egoísta. Entonces la voz enfadada me defendía, alegando que debería habérmelo recordado. A medida que fui conociendo ambas partes, me di cuenta de que el argumento básico era el mismo ante cualquier error que yo cometiera: las voces eran notablemente coherentes. Mis pacientes no mostraban ninguno de los síntomas clásicos del trastorno de identidad disociativo, pero tanto ellos como yo teníamos a estos personajes zumbando en nuestras mentes. Y no se lo estaban inventando o imaginando. De una sesión a otra, de una semana a otra y de un mes a otro, surgió una sorprendente coherencia en las imágenes, las historias y las relaciones de las partes que no podía atribuirse a la imaginación de los pacientes.

COMBATIR A LOS ENEMIGOS INTERIORES

Después de superar el miedo a las partes de la gente, me entusiasmé. ¿Y si todos tuviéramos una colección de jugadores internos que luchan por el control de nuestras almas? ¿Y si fuera posible ayudarles a llevarse bien del mismo modo que yo había ayudado a las familias? Antes de poder responder a esa pregunta, primero tenía que conocerlos mejor.

Pero no era tarea fácil, porque, a diferencia de varios de mis pacientes que, cuando se concentraban en su interior, tenían imágenes inmediatas y claras de sus distintas partes, yo solo tenía una sensación borrosa de mis partes. En general, creo que esto es algo que pasa mucho: para algunas personas, es como si estuvieran viendo una película con personajes fascinantes; para otras, como yo, todo es bastante vago e impresionista. Sin embargo, a medida que la gente va conociendo sus partes, se da cuenta de la complejidad de su vida interior. También se dan cuenta de que odian algunas partes y de que dependen de otras.

Para concretar este debate, imagina que entras en una habitación llena de personas de distintas edades. Inmediatamente empiezas a evaluar al grupo y a hacer suposiciones sobre sus miembros basándote en tus primeras impresiones. Algunas de las personas parecen ruidosas y odiosas, otras parecen débiles y necesitadas, y otras parecen intentar controlar al grupo. Al principio, decides relacionarte solo con las que te parecen más atractivas o más similares a ti.

Imagina además que en un momento dado decides que este grupo necesita más liderazgo y quieres proporcionárselo. Pero resulta que este grupo tiene conflictos crónicos entre varios miembros. Cada vez que empiezas a hablar con una persona, otra piensa que te vas a poner de parte de la primera, así que la segunda intenta influir en ti para que te caiga mal la primera y te alejes de ella. Esas constantes interferencias dificultan que llegues a conocer a ninguna de las personas como realmente son, pero con el tiempo eres capaz de mantener conversaciones con cada uno de los miembros y descubrir que tus primeras impresiones eran erróneas sobre todos ellos. Los atractivos tienen defectos, y los que descartaste tienen recursos y atractivos ocultos. A medida que los conoces más allá de sus máscaras o papeles, tu apreciación y relación con cada uno de ellos cambia.

Muchas personas experimentan esto cuando exploran su mundo interior. Llegan a relacionarse con sus partes como si fueran tan reales como las personas que hay en una habitación, y descubren que incluso las que creían malas responden bien a ese tipo de aceptación. También descubren que, a medida que crean más armonía en su interior, mejoran muchos aspectos de su vida exterior. Pero yo no sabía nada de todo eso en aquellos primeros días.

Para obtener una imagen más clara de las partes de mis pacientes, utilicé la técnica de la "silla vacía", en la que imaginaban que hablaban con una de sus partes en una silla vacía frente a ellos y luego cambiaban de asiento y se contestaban desde la otra parte. Por ejemplo, le pedí a Anya que imaginara una parte mordazmente crítica en la silla vacía y que le hablara. Le preguntó por qué era tan desagradable con ella. Entonces Anya cambió de silla y respondió como la crítica. Con una mirada de arrogancia y una voz más grave que destilaba desdén, dijo: "Porque eres totalmente inútil e incompetente". Cuando se convirtió en la crítica, me desconcertó su drástica transformación y rápidamente la hice volver a ser Anya en su silla original. Desde allí, discutió débilmente con la parte crítica, pero se vio claramente superada. Decidí sustituirla. Hice que Anya se convirtiera de nuevo en la crítica y empecé a señalarle los distintos aspectos en los que Anya era competente. Sin inmutarse ante mis argumentos, se rio de mí con desprecio y me dijo: "Si crees que puedes ayudarla, entonces tú también eres un incompetente. No tiene remedio y está bajo mi control".

Yo, por supuesto, mordí el anzuelo y me enzarcé en una lucha de poder con esta parte, que duró muchas sesiones. Probé varias formas de animar a Anya a apartar a la parte crítica de su mente entre las sesiones —meterla en una caja imaginaria, pensar solo en sus cualidades o logros positivos, repetir afirmaciones y decirle que se callara—, pero solo conseguí con ello que se volviera más agresiva y poderosa. Anya estaba cada vez más deprimida y yo estaba preocupado. Finalmente, me rendí. Le dije a la parte que me daba cuenta de que ni Anya ni yo podíamos controlarla y que íbamos a dejar de intentarlo. Sin embargo, me preguntaba por qué se empeñaba tanto en hacerla sentir inútil. ¿Qué temía que ocurriera si se sentía bien consigo misma? Al planteárselo, la crítica se ablandó visiblemente y dijo que "estaba segura de que Anya engordaría". Una vez que deseché la necesidad de cambiar esta parte y me volví curioso, bajó la guardia y reveló su dilema. La parte crítica describió lo mucho que se esforzaba por motivar a Anya, incluso diciéndole que engordaría si no seguía trabajando tanto. Como a muchas mujeres, a Anya le aterrorizaba engordar debido a los tóxicos estándares corporales de nuestra cultura. La voz crítica se sentía responsable de que Anya tuviera un aspecto y un rendimiento perfectos para que no la rechazaran. Le hablaba de otras partes de ella que eran extremadamente indulgentes y que la harían comer compulsivamente o tumbarse en la cama si se apoderaban de ella. También hablaba de las partes infantiles heridas que se sentían tan rechazadas por los demás niños cuando Anya era pequeña porque su cuerpo era más grande que el de los demás. La parte crítica intentaba desesperadamente proteger esas partes heridas y alejar a las indulgentes. Estaba agotada por esta lucha constante y quería descansar.

Este encuentro con la parte crítica de Anya fue una tremenda lección para mí. Con esta parte y con otras parecidas de otros pacientes, me había dejado engañar por las apariencias. Había identificado estas partes con los papeles que se habían visto obligadas a representar. Había asumido que las partes rabiosas no eran más que manojos de emociones de ira; las partes que se daban atracones de comida o alcohol contenían la impulsividad de los pacientes; las partes críticas parecidas a los padres eran representaciones internas de los padres; y así sucesivamente. Como pensaba que eran como parecían al principio y que tenían poca capacidad de cambio, animaba a los pacientes a luchar con ellas. Anya no fue la única paciente que perdió la batalla interna que yo había instigado. Pero cuando conseguí ayudar a otros pacientes a abandonar la guerra y a sentir curiosidad por esos aparentes demonios, todas las partes contaron historias similares a la historia contada por la parte crítica de Anya.

El siguiente fragmento transcrito de una sesión con otra paciente, Magda, ofrece una imagen más clara de cómo puede desarrollarse el trabajo con las partes de las personas. Magda era una mujer sofisticada y madura de unos cincuenta años, así que me sorprendió el problema sobre el que quería trabajar.

MAGDA: Bueno, algo que me preocupa todo el rato es el miedo a parecer poco inteligente. A veces no me molesta tanto, es como un ruido de fondo que puedo ignorar. Pero en otras situaciones, se apodera tanto de mí que me paraliza y no puedo hablar.

SCHWARTZ: ¿Qué tipo de situaciones?

MAGDA: Por lo general, cuando estoy con una mujer que es muy, muy inteligente. Normalmente me siento como si no tuviera nada que aportar a esa situación y me quedo paralizada.

SCHWARTZ: Bien, ¿así que quieres liberarte de ese tipo de parálisis o miedo?

MAGDA: Si pudiera liberarme de esa reacción, ¡mi vida sería mucho mejor! Porque, aunque puedo lidiar con ella —a veces consigo que desaparezca—, sigue erosionándome, tirando de mí, impidiéndome decir cosas que sé. Me encantaría cambiarla. Lleva conmigo mucho tiempo.

Al igual que los pacientes que describí en el primer capítulo, Magda ha establecido una relación disfuncional crónica con este miedo paralizante. Ha hecho todo lo que se le ha ocurrido para intentar deshacerse de él, pero nada ha funcionado. Lo que nunca se le ha ocurrido hacer —es decir, simplemente escucharlo en lugar de intentar erradicarlo— es justo lo que necesita.

SCHWARTZ: ¿Te da miedo de algún modo tratar de llegar a conocerla?

MAGDA: No, me genera curiosidad, y estoy enfadada con ella... tú ya me entiendes, con el poder que ha tenido en mi vida.

SCHWARTZ: Bien, sigamos adelante y concentrémonos en ella, en la parte que te paraliza en esas situaciones, y veamos dónde la encuentras en tu cuerpo o alrededor de él.

MAGDA: *(Cierra los ojos y dirige su atención hacia el interior.)* La primera sensación que me viene es que tengo algo detrás de mí, como si llevara un arnés puesto que me retiene, como diciendo: "¡Cómo te atreves!".

SCHWARTZ: Muy bien. Así que vamos a centrarnos de nuevo allí... dime cómo te sientes hacia esa parte ahora.

Cuando pregunto "¿Qué sientes hacia esa parte?", intento hacerme una idea de cuánto de su Self está presente escuchando el contenido y el tono de su respuesta.

MAGDA: Mi primera reacción es decir: "Aléjate de mí" o "Suéltame", pero también tengo un poco de curiosidad por saber por qué quiere retenerme.

En esta respuesta, oigo una parte diferente de ella ("Aléjate de mí"), pero también percibo la curiosidad del Self que empieza a emerger a medida que se separa de la parte que la retiene y se centra en ella. Compruebo si la parte que quiere que esta parte se aleje da un paso atrás y deja que su Self emerja más.

SCHWARTZ: Pues entonces pídele a la parte que quiere que la parte paralizante se aleje de ti que sea paciente y nos deje seguir tu curiosidad, y así conoceremos un poco a la parte paralizante y veremos por qué te está haciendo esto. ¿Te parece bien?

MAGDA: La parte que quiere alejarse está enfadada. Es impaciente.

SCHWARTZ: Bueno, pero ¿está dispuesta a dejarnos hacer esto y no interferir?

MAGDA: Me está diciendo: "Más te vale que funcione".

SCHWARTZ: ¿O si no qué?

MAGDA: O si no, va a volver a hacerse cargo de todo. Pero yo le digo: "Tu técnica nunca ha funcionado".

SCHWARTZ: ¿Y qué te dice?

MAGDA: Se siente un poco humilde cuando se lo señalan.

SCHWARTZ: Así que reconoce que es cierto.

MAGDA: Correcto. Así que retrocede.

Por la forma en que habla, me doy cuenta de que Magda ha entrado de lleno en el mundo interior de sus partes. Para un observador, es como si estuviera sumida en un trance hipnótico, pero la gente lo describe más bien como si estuviera en medio de un sueño hablando con distintos personajes que le responden.

SCHWARTZ: Entonces, ¿cómo te sientes ahora hacia esa parte que te está regañando y frenando?

MAGDA: Me pregunto por qué lo hace.

SCHWARTZ: ¿Cómo te sientes ahora hacia la parte paralizante?

MAGDA: Como si de alguna manera la conociera muy bien, pero no puedo darle contexto.

SCHWARTZ: Lo que dices me suena.

MAGDA: *(Empieza a llorar.)* Sí, a mí también. Pero me temo que, si me haces otra pregunta, no podré responderte.

SCHWARTZ: No pasa nada. ¿Sientes algo al respecto? ¿Cuál es tu sensación?

MAGDA: Pues de… un poco de compasión hacia ella. Como cuando ves a un viejo amigo.

A medida que Magda se acerca a la parte y no está tan enfadada con ella, puede verla más como es realmente, lo que evoca su compasión natural por ella.

SCHWARTZ: Bueno, ¿puedes mostrarle a esa parte que te sientes así con respecto a ella?

MAGDA: A ver... Sí que puedo.

SCHWARTZ: ¿Cómo está reaccionando?

MAGDA: Se parece un poco a un perro al que no le han dado de comer durante mucho tiempo y que quiere acercarse a una persona que le ofrece comida, pero tiene miedo porque lo han golpeado demasiadas veces.

SCHWARTZ: Entonces, ¿puedes tranquilizarlo hasta que esté dispuesto a confiar un poco más en ti?

MAGDA: Es muy extraño porque lo he odiado durante mucho tiempo. Llevo mucho tiempo enfadada.

SCHWARTZ: Ya lo sé. Pero, como le dijiste a la otra parte, no funcionó.

MAGDA: Correcto... Es como si me acercara un poco más a él y él se acercara un poco más a mí. Siento mucha lástima por él. Y él siente tanta curiosidad por mi reacción porque está tan acostumbrado a que mi reacción sea: "¡Vete de aquí!". Así que duda de mí... desconfía, como si en cualquier momento fuera a darme la vuelta y pegarle con un palo o algo.

Al describir esta escena, parece como si Magda se viera a sí misma acercándose al perro. Cuando la gente se ve a sí misma haciendo el trabajo, significa que su Self está observando a otra parte que lo hace por ella. Lo compruebo y le pido que esté realmente con el perro en lugar de verse a sí misma con él.

SCHWARTZ: Magda, ¿te ves cada vez más cerca o estás ahí cada vez más cerca?

MAGDA: No sé qué decirte. Al principio pensaba que era una, y luego que era la otra. Va y viene.

SCHWARTZ: De acuerdo. Pregunta a tus partes si te dejan estar allí.

MAGDA: ¿Estar sin más?

SCHWARTZ: Sí.

MAGDA: Veo partes de mí de nuevo, y empiezo a sentir que me acerco, y luego me sobresalto y pienso: "Tengo que observar esto, tengo que verlo".

SCHWARTZ: Esa parte. La que hace que te sobresaltes y quieras ver. Pídele a esa parte que se separe de verdad y, si es necesario, que se vaya a otra habitación o algo.

MAGDA: Vale. Lo evalúo y decido que tengo que observar a esa parte como si fuera una técnica, como si tuviera que observarla.

SCHWARTZ: Sí, la parte que te está diciendo eso, que mantiene esa regla, esa técnica... a ver si sale.

MAGDA: De acuerdo. Vale. Me da un poco de miedo estar aquí con la parte que me frena en lugar de observarme a mí misma haciéndolo. No sé cómo sería experimentarlo.

SCHWARTZ: Sí. La parte que está asustada por eso... a ver si está dispuesta a confiar en ti y en mí en esto. Puedo hacerle ver a esa parte que es mejor estar ahí. Es mejor para la parte, y es mejor para todo el sistema.

MAGDA: Bueno, voy a confiar en tu experiencia. De acuerdo.

SCHWARTZ: Entonces, ¿estás ahí con la parte? ¿Cómo te sientes?

MAGDA: Tranquila y contenta de estar aquí.

SCHWARTZ: ¿Puedes asegurarle a esa parte que te preocupas por ella, que no vas a golpearla, que no vas a gritarle?

MAGDA: *(Con mucha emoción.)* Le permito darse cuenta de que las otras partes han retrocedido. Le permito darse cuenta de que yo no le he pegado. Ni la odio. Ni le tengo miedo.

SCHWARTZ: ¿Y cómo está reaccionando?

MAGDA: Como si descansara... como si descansara. Siento como si tuviera que practicar esto porque no estoy acostumbrada a estar con ello o incluso a verlo. Estoy acostumbrada a intentar deshacerme de ella.

Como descubrió Magda, si no atacamos a nuestras partes, pueden bajar la guardia. Entonces podemos llegar a saber quiénes son realmente y por qué hacen lo que hacen, y entonces podemos ayudarlas a cambiar. No todas las sesiones de IFS van tan bien como la de Magda. Ella había trabajado lo suficiente sobre sí misma con anterioridad como para que sus partes tuvieran ya una gran confianza en el liderazgo de su Self. Esto se reflejaba en la rapidez con la que estaban dispuestas a dar un paso atrás cuando ella se lo pedía. Como se hizo evidente en la sesión, este proceso de retroceso libera cada vez más de su Self y, a medida que esto sucede, ella lidera cada vez más el proceso. Las partes a las que se les pide que den un paso atrás no son relegadas a ningún tipo de exilio. Solo se les pide que no interfieran mientras su Self llega a conocer la parte paralizante hasta que se cure. Más tarde, podrán compartir sus reacciones, expresar sus preocupaciones y, si están preparadas, les llegará el turno de sanar. A medida que cada parte abandona su papel extremo, todas las partes empiezan a cambiar sus relaciones entre sí, convirtiéndose finalmente en un grupo integrado y armonioso. Como espero que quede claro en la transcripción, animo a la gente a trabajar con sus partes como si fueran personas interiores. Pero ¿qué son en realidad?

LA MULTIPLICIDAD NORMAL DE LA MENTE

Mis pacientes experimentaban sus partes como si fueran personas internas, es decir, como personalidades completas que se habían visto obligadas a adoptar papeles protectores que no les gustaban pero que tenían miedo de abandonar. ¿Era posible que realmente fueran así? Mis pacientes me llevaban a un territorio desconocido, hacia una reconceptualización radical de la naturaleza de sus mentes, de mi mente, de la mente.

Más tarde averigüé que no fui el primero en adentrarme en este territorio. Varios exploradores intrapsíquicos descubrieron lo que yo llamo la *multiplicidad normal de la mente* mucho antes que yo. Roberto Assagioli, psiquiatra italiano, es el primero en Occidente que reconoció este fenómeno y desarrolló un enfoque basado en el trabajo con las subpersonalidades, al que llamó *psicosíntesis*. Me entusiasmó ver lo parecida que era su concepción de las subpersonalidades a lo que las partes de mis pacientes me enseñaban sobre sí mismos. El psicoanalista de principios del siglo XX Carl Jung también reconoció la multiplicidad dentro de sí mismo y de sus pacientes, y utilizó un proceso llamado *imaginación activa* para acceder a ese mundo interior. De los habitantes que encontró allí dijo: "Hay cosas en la psique que yo no produzco, pero que se producen a sí mismas y tienen vida propia. Siempre tienen un cierto grado de autonomía, una identidad propia y separada. Su autonomía es algo muy incómodo con lo que hay que reconciliarse"[1]. Otros teóricos de campos como la hipnoterapia o el tratamiento de los traumas se han dado cuenta de que las subpersonalidades no son exclusivas de las personas con trastorno de personalidad múltiple (ahora llamado trastorno de identidad disociativo).

Neurobiólogos e informáticos han reconocido la multiplicidad de la mente normal y han ideado sus propias explicaciones y modelos. Los informáticos consideran que los ordenadores de procesamiento paralelo, formados por muchos procesadores pequeños que trabajan en un problema de forma independiente, funcionan de forma más parecida a la mente humana que los antiguos ordenadores de procesamiento en serie. Los neurocientíficos hablan de "estados mentales" o "módulos" como grupos autónomos de procesos mentales relacionados que se enlazan en estados cohesivos submentales. La idea es que, en aras de la eficiencia, el cerebro está diseñado para formar estos grupos —conexiones entre determinados recuerdos, emociones, formas de percibir el mundo y comportamientos— que permanecen juntos como unidades internas que pueden activarse cuando sea necesario. Por ejemplo, el neuropsiquiatra Daniel Siegel escribe que un estado mental de miedo agrupa "un estado de mayor precaución, atención focalizada, hipervigilancia conductual, recuerdos de experiencias pasadas de amenaza, modelos del Self como víctima que necesita protección y una excitación emocional que alerta al cuerpo y a la mente para que se preparen para el daño"[2]. Una vez que estos rasgos están vinculados, aparecen juntos ante futuras amenazas. A otros grupos los evocan estímulos diferentes. Desde esta perspectiva, la multiplicidad es inherente a la forma en que el cerebro evolucionó para gestionar eficazmente los cambios de nuestro entorno. Estos cúmulos adquieren entonces vida interior propia.

A pesar de estos informes procedentes de una amplia variedad de fuentes, la idea de la mente como si contuviera una multitud de personajes separados y autónomos con toda una red de relaciones sigue siendo, como escribió Jung, "algo de lo más incómodo con lo que reconciliarse". La idea de la multiplicidad normal ha permanecido al margen del sistema de salud mental y de la cultura occidental en general. Podemos hablar de nuestro niño interior, nuestro superego o nuestro temperamento, pero muy pocos los consideramos seres interiores literales. En cambio, pensamos en ellos como metáforas de estados emocionales o como aspectos de nuestra personalidad unitaria. La obra de Assagioli sigue estando marginada, y aunque la de Jung ha tenido un impacto considerable y creciente en la cultura occidental, la faceta de subpersonalidad de su pensamiento es mucho menos reconocida o comprendida. Seguimos apegados a la idea de tener una sola mente y nos aferramos a la creencia de que las únicas personas que tienen más de una son las "pobres almas" que padecen un trastorno de identidad disociativo. No es raro que los pacientes pregunten con miedo "¿Crees que soy un enfermo mental?" después de su primer viaje interno.

Cuando empecé a saber más sobre las tradiciones de los distintos grupos indígenas, cada vez me quedaba más claro que la idea de la mente como algo unitario es una invención relativamente reciente. Las culturas indígenas de todo el mundo están familiarizadas y se sienten cómodas no solo con un mundo espiritual, sino también con un reino interior habitado por muchas voces y personajes diferentes. Puede que la idea de que la mente normal es múltiple no sea tanto una desviación radical del conocimiento establecido como un retorno a una sabiduría milenaria de la que nuestro paradigma actual se apartó radicalmente.

No se trata de minimizar la dificultad de cambiar nuestras creencias hacia la multiplicidad normal. A pesar de la evidencia acumulada paciente tras paciente, después de aquellas primeras exploraciones con Anya, me llevó al menos cinco años poder aceptar plenamente esa posibilidad. En contraste con personas como Anya y Magda, yo todavía no me experimento a mí mismo de esa manera intuitiva a menos que enfoque deliberadamente mi conciencia en mi interior. En mi estado ordinario de conciencia, no noto los sutiles cambios de perspectiva y comportamiento ni las voces habituales cuando las partes van y vienen. Todo se mezcla en un mosaico de mi experiencia y me identifico con el contorno de ese mosaico, sin ser consciente de las piezas, hasta que una de ellas se altera y toma el control. Entonces noto que me he convertido en una persona diferente. Por ejemplo,

¿recuerdas algún momento en el que un miembro de tu familia o tu pareja te haya hecho daño y te hayas enfadado con él o con ella? ¿Cómo cambió tu forma de pensar, no solo sobre esa persona, sino en general? ¿Cómo cambió tu visión, tu postura y tus movimientos, tu voz? Si eres como yo, es como si tu cuerpo fuera secuestrado temporalmente por una persona diferente. Empiezo a pensar en términos de blanco y negro, bueno y malo. Me siento más joven, más impulsivo y con más energía. Mi amor o empatía por la otra persona desaparece; solo puedo ver mi lado de las cosas, y tengo un deseo abrumador de salirme con la mía. Puedo ser imprudente y preocuparme poco por las consecuencias de mis actos o palabras. Mi oponente cambia físicamente, se vuelve más feo y repulsivo. De repente me vuelvo más expresivo, gesticulo ampliamente con los brazos para enfatizar mis argumentos. Tiendo a quejarme en voz alta y a hablar con desprecio o condescendencia. En otras palabras, paso de ser un facsímil razonable de ser humano a un adolescente hormonado y egocéntrico.

Una vez que me centré en esa ira y le hice preguntas, aprendí que en realidad se trataba de una personalidad adolescente en mí que no solo estaba enfadada, sino también herida y asustada. Creía que tenía que protegerme de que me hicieran daño las personas a las que me acercaba, así que dirigía con su ira los momentos de peligro. Sin embargo, esa ira no es su esencia, sino que es parte de su papel protector. Se erige heroicamente frente a las partes más jóvenes de mí que cargan con el dolor de los rechazos del pasado, y contrarresta mis partes asustadas que tienen miedo de enfrentarse a alguien. Si eres capaz de centrarte en tu rabia con una actitud de curiosidad, puede que te sorprenda saber que también es mucho más que un manojo de emociones. Puede que incluso sientas compasión y gratitud por ella.

UN SISTEMA DE PERSONALIDADES INTERNAS COMPLETAS

Así pues, el término *partes* se queda corto. Utilizo esa palabra porque es más fácil de usar que *subpersonalidades*. Todo el mundo dice cosas como: "Una parte de mí quiere ir a trabajar hoy, pero otra prefiere quedarse en la cama". Pero me refiero a personalidades internas completas, no muy diferentes de los *alters* propios del trastorno de identidad disociativo. Debido a la gravedad de los abusos que sufrieron de niños, las personas a las que se les diagnostica este trastorno tienen partes que están tan aisladas y polarizadas entre sí que, cuando una de ellas toma el control, se produce un cambio drástico en el comportamiento, y a veces también una pérdida de memoria de lo que ocurrió cuando las otras partes estaban allí. Estos pacientes necesitan una compartimentación interna extrema para sobrevivir. Aquellos de nosotros cuya infancia no estuvo llena de experiencias horribles tenemos partes que se relacionan de forma más armoniosa, por lo que nos sentimos y parecemos más integrados. En este contexto, tener una personalidad integrada no significa que las partes estén ausentes. Significa que se llevan bien y funcionan mejor juntas, pero no desaparecen. Las partes salen a la superficie y se retiran, y sentimos su presencia, pero nuestra identidad no cambia tan drásticamente porque el resto de nosotros está presente mientras eso ocurre.

A medida que mi visión de las partes cambiaba de unidimensional (la enfadada) a multidimensional (una personalidad adolescente herida obligada a asumir el papel de la parte enfadada), pude utilizar mi formación en terapia familiar para comprender mejor los problemas. Por ejemplo, tenía un paciente de quince años, Liam, que se metía en líos en el colegio y cuyos padres decían que siempre parecía enfadado en casa. Como terapeuta familiar, me enseñaron a preguntar sobre su historia familiar y sus relaciones con otros miembros de la familia y compañeros para entender su comportamiento en contexto. Al hacerlo, me enteré de que Liam se sentía protector de su madre y de su hermana pequeña porque su padre había abusado de ellas en el pasado. A la luz de esa historia, tiene sentido que Liam se haya visto obligado a adoptar el papel del protector enfadado.

En general, no estamos socializados para pensar en términos de sistemas interconectados. La nuestra es una cultura individualista en la que se supone que las personas son responsables de su comportamiento. A las adolescentes embarazadas se las tacha de inmorales; a los parados, de vagos; a los drogadictos, de hedonistas. Rara vez buscamos conexiones, y a menudo consideramos que las que se sugieren son excusas para un comportamiento irresponsable. A Liam le consideraban uno de los chicos malos del colegio y le diagnosticaron un trastorno de conducta. Todo el mundo se dejaba engañar por las apariencias.

Este proceso de intentar comprender cómo el comportamiento de una persona está conectado con las relaciones con otras personas o con acontecimientos pasados, en lugar de juzgar a la persona únicamente por su aspecto o su forma de actuar, se denomina *pensamiento sistémico*. La terapia familiar introdujo el pensamiento sistémico en un campo de la salud mental que hasta entonces había estado dominado por los modelos freudiano y médico, que diagnosticaban y trataban a las personas sin tener apenas en cuenta los contextos sociales de sus problemas.

Con mi formación en pensamiento sistémico, empecé a intentar comprender cómo el papel de una parte del paciente estaba conectado con sus relaciones con otras partes, del mismo modo que había conectado la ira de Liam con su posición en su familia. Como mencioné antes, al preguntarle a la parte crítica de Anya qué temía que sucediera si no la hacía sentir tan mal, descubrí que había dos conjuntos de relaciones internas que la mantenían en el papel de crítica. La parte crítica temía que, si no presionaba constantemente a Anya, otras partes de ella tomarían el control y engordaría. La parte crítica también temía que las partes vulnerables e infantiles que protegía se vieran perjudicadas porque ella sería rechazada. Al igual que Liam se sentía obligado a permanecer en su papel de enfadado porque estaba en conflicto con su padre y protegía a su madre y a su hermana, la parte crítica de Anya veía limitadas sus posibilidades de cambio por estar en conflicto con algunas partes mientras protegía a otras. ¿Qué significa todo esto para ti y tus relaciones internas? En primer lugar, subraya el hecho de que la forma en que entiendas tus partes determinará cómo te relacionas con ellas. Si las ves simplemente como creencias interiorizadas o estados emocionales unidimensionales, tienes pocos motivos para escucharlas o abrirles tu corazón. Si, por el contrario, crees que son personalidades multidimensionales y autónomas, será mucho más probable que te acerques a ellas con curiosidad y compasión.

En segundo lugar, significa que tu mente es un sistema complejo. Tus partes tienen relaciones entre sí que se parecen a las relaciones entre las personas de una familia. Muchas de tus partes no pueden cambiar hasta que las partes a las que protegen o con las que están enfrentadas hayan cambiado. Si mantienes la curiosidad por una parte, descubrirás las razones por las que tiene miedo a cambiar y que, a veces, son realistas. Por ejemplo, he trabajado con muchos chavales que no podían permitirse dejar caer su muro protector de timidez y bravuconería en sus barrios porque los demás les atacarían si alguna vez se mostraban vulnerables. Sin embargo, conseguimos negociar con esos protectores para que los niños —después de aprender a cuidar de sus partes vulnerables— pudieran ser más selectivos en cuanto a cuándo eran realmente necesarios sus muros.

Polarización

Si tu mente es un sistema de partes, ¿cómo funcionan los sistemas? Uno de los principios de los sistemas humanos es que las diferencias tienden a convertirse en polarizaciones. ¿Alguna vez has discutido y has adoptado una postura en la que realmente no creías solo para contrarrestar la posición extrema de la otra persona? O puede que, aunque antes estuvieras de acuerdo con tu suegro en muchas cuestiones sociopolíticas, esta vez decidieras elegir el bando contrario en la creencia de que, si no lo hacías, las ideas políticas equivocadas de tu suegro acabarían imponiéndose. Te negaste a ceder hasta que él lo hiciera. Esto se llama polarización: cada miembro de la pareja adopta una posición opuesta o competitiva con respecto a la del otro por miedo a que ocurra algo terrible si no lo hace. Ocurre en los sistemas humanos a todos los niveles. Los padres se convierten en enemigos, los hermanos en rivales, las partes internas en antagonistas.

El psiquiatra Paul Watzlawick y sus colegas utilizaron una metáfora náutica (que yo adornaré) para ilustrar la polarización en los sistemas. Evocaron la imagen de dos marineros colgados a ambos lados de un velero para estabilizarlo: cuanto más se inclina uno por la borda, más tiene que compensar el otro la inestabilidad creada por los intentos del otro de estabilizar el barco, cuando en realidad el propio barco estaría bastante estable si no fuera por los esfuerzos acrobáticos de ambos por estabilizarlo[3]. Ambos marineros han abandonado sus papeles preferidos y valiosos y están en posiciones que son destructivas para el barco, haciéndolo susceptible de zozobrar. Ambos están también rígidamente limitados en sus posiciones. Cada uno tiene que permanecer en un extremo en proporción a la extremidad del otro. Solo pueden moverse en relación con los movimientos del otro. La ironía es que a ninguno de los dos le gusta el papel en el que están y ambos desean volver a la armonía, pero cada uno tiene razones válidas para temer las consecuencias de abandonar unilateralmente su posición. El barco volcaría si uno de los dos se moviera.

Cada marinero tiene razón al creer que, si se acerca, el barco se inclinará porque el otro seguirá inclinado hacia fuera. La única solución es que entren los dos al mismo tiempo. Como no confían el uno en el otro, la única manera de que eso ocurra es que una tercera persona en la que ambos confíen les asegure que, si uno se acerca, el otro también lo hará. Si tienen un capitán de confianza, pueden convencer a ambos marineros para que bajen de la barandilla simultáneamente. Una vez liberados de la tensión y de la restricción de la polarización, cada marinero puede moverse libremente por el barco y volver a desempeñar un papel valioso y agradable, confiando en el capitán para dirigir un rumbo seguro y mutuamente beneficioso.

Para continuar con nuestra versión de esta analogía, volvamos a Anya. Muchas de las partes de Anya estaban polarizadas de esta manera. Como he descrito antes, escuchaba constantemente una voz crítica que la empujaba a trabajar mucho y a ser perfecta. Si se quedaba quieta durante un tiempo, esta parte esforzada la criticaba por perezosa y le recordaba todas las cosas que tenía que hacer. Le pedí a Anya que le preguntara a esta parte crítica qué temía que le pasara si no la mantenía en constante movimiento, llevándola hasta el agotamiento. Dijo que se quedaría sentada todo el día y se daría atracones hasta que engordara. Anya contó que había sido una niña con un cuerpo más grande que el de los demás niños, y que había sufrido por ello. Reconoció tener una parte que quería darse atracones, y que había estado luchando contra ella constantemente desde que había perdido peso en la universidad.

En su propia defensa, la parte de Anya que se daba atracones le decía que, como la parte luchadora era tan dominante, tenía que aprovechar cualquier momento en que estuviera agotada para hacer que Anya se detuviera en seco, y se daba atracones para lidiar con la tensión de la presión de la parte crítica en torno a la comida. Luego, en cuanto terminaba su atracón, la parte crítica la llamaba "cerda" y la empujaba de nuevo a un estado de ejercicio frenético. Así, cada una de las partes polarizadas de Anya creía que, si se volvía menos extrema, la otra tomaría totalmente el control y, en efecto, hundiría su barco. Estas partes estaban estancadas. Ninguna de ellas podía volverse menos extremista sin la seguridad de que la otra haría lo mismo, y cada una se resistiría a tal sugerencia hasta que recibiera esa seguridad. Las dos partes luchaban por su seguridad y ambas pensaban que la otra la estaba hundiendo.

Al carecer de esta comprensión de su sistema interno, muchas personas del entorno de Anya, incluido otro terapeuta, le habían dado la receta de sentido común: "¿Por qué no vas más despacio y dejas de machacarte?". No sabían que, sin darse cuenta, se estaban poniendo del lado de su parte compulsiva y, en consecuencia, haciendo que su esforzada voz crítica fuera aún más extrema. Hasta que no comprendas la naturaleza de la polarización, seguirás cometiendo este tipo de errores. Al igual que las personas en una familia o los países en la política internacional, las partes polarizadas no pueden cambiar ni cambiarán unilateralmente.

Sin embargo, como deja claro el ejemplo del barco, lograr la armonía y el equilibrio entre los miembros de la tripulación no es posible sin un liderazgo eficaz. Afortunadamente, todo el mundo cuenta ya con un líder interno capaz. Cuando Anya consiguió interactuar con cada parte de su Self, cada una llegó a confiar en ella, y su Self fue capaz de ayudar a su parte luchadora y a su parte compulsiva a encontrarse y poner fin a la batalla por su alma. Al final, la parte luchadora pasó a desempeñar el papel de asesora, estableciendo objetivos razonables y diseñando estrategias para alcanzarlos. Cuando la parte compulsiva se dio cuenta de que ya no tenía que salvar a Anya de la parte crítica, se convirtió en una voz tranquila que le recordaba que debía relajarse.

Cuando esta polarización y los esfuerzos y atracones que la acompañaban finalizaron, Anya consiguió acceder a las partes vulnerables e infantiles y a las cargas de tristeza que no notaba con tanta actividad. Como las dos partes protectoras no reanudaron su lucha, ella pudo permanecer presente con la tristeza el tiempo suficiente para conocer su origen y curar a la parte que cargaba con ella.

Descubrí que partes que habían atormentado a otros pacientes durante años se encontraban atrapadas en aprietos similares relacionados con la polarización y la protección. Al igual que en el caso de Liam, en el que había que hacer algo con su padre para que se ablandara, las partes polarizadas de otros pacientes no podían cambiar hasta que otras cosas cambiaran primero. Había estado enfrascando a mis pacientes en luchas de poder con estas partes que estaban condenados a perder porque las partes no podían retroceder. Cada una de estas partes polarizadas creía que la seguridad del sistema interno dependía de que permaneciera en su papel. Antes de que la parte crítica de Anya pudiera relajarse del todo, tuvo que demostrarle que ella misma podía proteger a las partes vulnerables y que no permitiría que las indulgentes tomaran el control.

Atrapados en el pasado

La experiencia con la parte crítica de Anya produjo un cambio en mi enfoque. En lugar de intentar reorganizar a la fuerza los sistemas internos de los pacientes, sentí cada vez más curiosidad por ellos. Para comprender realmente las partes, me esforcé por abandonar todas mis presunciones sobre la naturaleza del pensamiento y la emoción y me dejé educar por mis pacientes. Entrevisté a cientos de partes de pacientes, tratando de mantenerme abierto y curioso incluso con las que querían hacer daño a mi paciente o a otras partes. Quedó claro que los papeles de muchas de estas partes estaban dirigidos no solo por sus posiciones protectoras o polarizadas en el sistema, sino también por creencias y emociones que parecían irracionales. La parte enfadada de un paciente percibía peligro a su alrededor, aunque vivía en un entorno seguro. La parte suicida de otro paciente estaba convencida de que tenía que morir porque era mala. Otro paciente tenía una parte que no se sentía querida a pesar de que había muchas personas en su vida que claramente le querían.

En lugar de cuestionar esas creencias, empecé a preguntar de dónde sacaban las partes esas ideas. Inmediatamente después de esa pregunta, muchos pacientes empezaban a ver imágenes de su pasado. Para algunos, era como si estuvieran viendo escenas concretas de una película de su propia infancia. Las escenas solían ser traumáticas: rechazos, humillaciones, abusos físicos o sexuales y sucesos aterradores o vergonzosos. Por lo general, no se trataba de recuerdos olvidados, sino de sucesos que se habían minimizado, trivializado u ocultado en los relatos vitales de estos pacientes. Varios de ellos se alteraban mientras miraban, llorando y encogiéndose como si hubieran sido arrastrados a esas escenas y las estuvieran reviviendo. No sabía qué hacer mientras esto sucedía. En aquellos primeros días, no me sentía del todo cómodo en presencia de emociones intensas, ya fueran mías o de mis pacientes o familiares. Cuando los pacientes se acercaban a mi umbral de comodidad emocional, temía que se sintieran abrumados por los sentimientos hasta un punto sin retorno y que se sumieran en una especie de estado de desesperación sin salida.

No es casualidad que temiera que me ocurriera lo mismo si me acercaba demasiado a mis propios sentimientos exiliados. Entonces, una crisis en mi vida arrancó algunas de esas partes heridas y solitarias de mí, y me vi obligado a conocerlas y valorarlas. Después de eso, fui mucho más capaz de permanecer con mis pacientes mientras experimentaban emociones intensas. Sin embargo, antes de ese trabajo personal, cuando los pacientes se agitaban o lloraban, les pedía que salieran de sus escenas traumáticas y les hacía observar desde un estado más distanciado. Por lo general, eran capaces de hacerlo, pero algunos se desconectaban por completo y les costaba volver a las escenas para completar el trabajo.

Cuando una parte era capaz de mostrar en qué momento del pasado de un paciente había recogido una creencia o emoción irracional, de repente la creencia o emoción parecía mucho menos irracional. Dado lo que le había ocurrido al paciente, tenía todo el sentido del mundo que pensara o se sintiera así durante ese tiempo. De algún modo, una parte de mi paciente seguía arrastrando las ideas, emociones y sensaciones de esos episodios anteriores, aunque hubieran pasado muchos años y la persona ya no estuviera en esa situación. Era como si esas partes de mis pacientes estuvieran atrapadas en el pasado, congeladas en un tiempo terrible, como si lo que había ocurrido entonces, para esas partes, siguiera ocurriendo o pudiera ocurrir. También parecía como si esas partes siguieran siendo portadoras de mensajes antiguos que habían recibido sobre sí mismas y sobre el mundo. Muchos pacientes sintieron alivio después de presenciar las historias de sus partes. Llevaban años confundidos por lo que a sus mentes racionales les parecían compulsiones, miedos, anhelos o visiones del mundo. Ahora comprendían las razones de esos sentimientos, creencias y comportamientos.

PARTES BUENAS LIBERADAS DE PAPELES MALOS

Sin embargo, aún fue más significativa la reacción de las partes al sentirse por fin comprendidas. Era como si llevaran muchos años intentando contar sus historias, pero no lo consiguieran. Todo lo que parecían necesitar era que el Self de la persona entendiera lo que había pasado y apreciara lo malo que había sido. Una vez que esto ocurría, muchas de estas partes se transformaban inmediatamente. Los pacientes referían que su imagen y su experiencia de la parte habían cambiado. Era como si una parte se hubiera liberado de una carga que, como un chip de ordenador o una maldición, había estado gobernando su existencia. Muchas partes se volvieron alegres, como liberadas de sus ataduras. Después de liberarse de esa carga, muchas solo querían jugar, bailar o descansar. Sorprendentemente, otras adoptaban un papel opuesto al que habían desempeñado. Por ejemplo, la parte crítica de Anya quería convertirse en una especie de animadora que la ayudara a dar lo mejor de sí misma.

Ser testigo de estas transformaciones en las partes de los pacientes me llevó a la visión de las partes que tengo ahora, como personalidades internas completas que nos acompañan en la vida para proporcionarnos todo tipo de valiosos servicios. Algunas son jóvenes y están llenas de inocencia, asombro y deleite. Aportan robustez a nuestra existencia, ayudándonos a jugar, crear, relajarnos y disfrutar de la intimidad. Otras saben evaluar situaciones y personas. Como si fueran valiosas consejeras, saben planificar y resolver problemas. Otras aportan perseverancia en las dificultades y fuerza para afrontar los retos. Algunas son muy sexuales, mientras que otras se interesan más por los placeres artísticos.

Es como si cada uno de nosotros tuviera en su interior un conjunto de personas de distintas edades, temperamentos y talentos que, cuando no están lastradas por el pasado o peleadas entre sí, pueden ayudar en cualquier actividad. Cuando nuestras familias internas se relacionan armoniosamente, una parte con un talento específico saldrá a relucir cuando se necesite ese talento, y las demás se retirarán. Por ejemplo, he trabajado con deportistas para ayudarles a encontrar una parte que tenga un talento atlético extraordinario, de modo que cuando lo necesiten pueda entrar en su cuerpo de forma fiable y constante, en lugar de solo ocasionalmente. Mi propia parte atlética es tan eficaz en parte porque no se preocupa por lo que piense nadie de mi rendimiento, así que soy capaz de acceder al juego con la mínima ansiedad. Sin embargo, ese tipo de impermeabilidad no es útil cuando me reconcilio con mi pareja después de una discusión. En ese contexto, las cosas van bien cuando aparecen las partes de mí que son sensibles al efecto que he tenido en los demás, y el deportista impermeable da un paso atrás.

Idealmente, tu Self está presente en cada actividad e interacción, y las partes apropiadas están cerca, ofreciendo sugerencias, mezclando sus emociones o habilidades con tu Self o a veces incluso tomando el control total de tu cuerpo. En este escenario ideal, cuando una parte toma el control, lo hace con el permiso del Self, en lugar de ser una reacción automática para intervenir y proteger. Puede ser muy divertido encarnar plenamente partes juguetonas, y también puede ser curativo a veces conceder plena expresión a las partes afligidas. Por lo tanto, cuando una persona se guía por sí misma, no está desvinculada del mundo, con las emociones siempre en suspenso. Más bien bebe profundamente de la fuente agridulce de la vida mientras mantiene un eje de ecuanimidad.

Si eres como yo, estás lejos de ese ideal. Hay algunos contextos desafiantes en los que casi siempre soy capaz de dejarme guiar por mi Self y otras veces en las que no lo hago de forma consistente; incluso hay situaciones, como cuando mi pareja se enfada conmigo, en las que suelo perder el liderazgo del Self. Su enfado desencadena partes de mí que están atascadas en diferentes puntos de mi infancia y soportan cargas intensas de miedo, vergüenza, rabia u odio a mí mismo. Cuando alguna de esas partes se altera, puede inundar mi conciencia hasta el punto de que mi Self se oscurece temporalmente y pienso, siento y actúo como esa parte. Son momentos muy oscuros para mí porque no puedo ver más allá de la desesperanza y la perspectiva limitante de estas partes y me siento abrumado por sus emociones. Me convierto en el niño pequeño que fui una vez, temeroso de los azotes de mi padre o de las regañinas de mi madre y seguro de que mi relación con cada uno de ellos se ha destruido irremediablemente. Me inunda un mar de sentimientos y no experimento ningún "yo" en el ojo del huracán. Afortunadamente, desde el momento vital que mencioné antes en el que sané algunas partes, estos episodios ya no duran tanto y mi Self vuelve a la superficie con mayor rapidez. Aunque las noches oscuras de mi alma son más cortas, siguen siendo desagradables. Dependiendo de qué parte tome el control, puedo cerrarme y enfurruñarme o arremeter contra mi pareja en un contraataque verbal. Puedo perder el sentido de mi amor por ella en el remolino de ira y dolor, y empezar a preguntarme por qué acabé con ella. Inevitablemente, sus partes se activan aún más con las mías, y nos enzarzamos.

Dado lo mucho que pueden interferir en nuestra vida y lo mal que pueden hacernos sentir, es lógico que deseemos deshacernos de ellas. Es difícil ver algún valor en una voz interior que te reprende constantemente o en un miedo visceral que te hace retraerte. Estas partes tienen un poder tan devastador sobre nosotros que el impulso natural es odiarlas y luchar contra ellas. Y es cierto: a menudo son destructivas en su estado actual. No te pido que aceptes tu depresión ni que aprendas a lidiar con tu crítico interior. Te estoy sugiriendo que si te relacionas con cualquier parte de forma diferente, esta soltará sus cargas destructivas y se transformará en algo valioso. Aunque resulte difícil de creer, incluso la más diabólica de ellas es una parte buena obligada a desempeñar un papel malo. Nunca he conocido una parte que al final no me gustara. Y me he encontrado con partes desagradables, algunas que querían matar a mi paciente y otras que habían abusado de niños. Incluso esos aparentes demonios internos, cuando se les abordaba con curiosidad y sin prejuicios, revelaban las razones que les habían obligado a asumir esos papeles y la vergüenza que sentían por lo que habían hecho. Incluso esas partes tan extremas acabaron transformándose.

PACIENTES SIN CARGAS

¿Qué les ocurre a las personas cuando empiezan a reorganizar su sistema interior y a dejarse liderar por su Self? Algunos pacientes echan un nuevo vistazo a sus vidas y experimentan lo que el poeta David Whyte llama una forma de "shock interno"[4]. Se dan cuenta del precio que han estado pagando por las decisiones basadas en el miedo que tomaron en el pasado y que los abocaron a una carrera, un estilo de vida o un matrimonio con poco espacio para su Self o sus nuevas partes. Siguen sus pasiones a través de aguas desconocidas.

Sin embargo, para muchos otros pacientes los cambios en sus vidas externas son menos drásticos. Encuentran formas de enriquecer o ralentizar la vida que ya llevan. A menudo añaden actividades creativas, tiempo en la naturaleza, nuevas relaciones o actividades de voluntariado basadas en el servicio, y restan cosas que hacían principalmente para calmar o distraer de su dolor y vergüenza.

Se obsesionan menos con los logros, el dinero, los ordenadores, la gestión del tiempo y la apariencia, y pasan a querer simplemente estar con la gente o consigo mismos. Superan mejor los baches de la vida que antes les hacían tambalearse, porque ahora parecen tener mejores amortiguadores.

A algunos pacientes, en lugar de dejar a la pareja o el trabajo a los que antes culpaban de su confusión, el trabajo interior les aporta una nueva apreciación de su situación. Cuando escuchan por fin en su interior lo que realmente necesitan, no tiene nada que ver con un cónyuge, un puesto o un cuerpo diferentes. El mero hecho de abrazar las partes de sí mismos que habían estado abandonadas en los oscuros bosques de su psique disipa las nubes que habían envuelto sus almas. A medida que se aceptan a sí mismos, pueden aceptar las partes de sus parejas que se parecen a sus propias partes exiliadas. Los antojos y obsesiones de toda la vida se evaporan, y se sienten más presentes en sus vidas porque, literalmente, hay más de ellos en el momento presente.

¿Qué significa estar más presente en la vida? Lee esta entrada del diario de un paciente. Holly es madre soltera que tiene un hijo, Josh, y dos hijas.

El sábado por la noche se quedó un amigo Josh a dormir. Me pidieron que nos fuéramos con las bicis al parque. Me pareció bien y accedí. Cogimos las bicis y salimos los tres. Subimos la gran colina que nos llevaba al parque y luego bajamos hasta el aparcamiento, con sus amplios espacios y sus pequeñas colinas y valles. Las sonrisas y las carcajadas de los chicos flotaban en el aire del atardecer. Por mis venas corría una serena alegría.

Al día siguiente, Josh y yo fuimos al lago. Era un día caluroso, perfecto para nadar. Se ponía de pie sobre mis manos y luego saltaba. En las profundas aguas del lago, bajo los altos muros de la cantera, nadamos uno detrás del otro jugando a pillar sin parar. Yo estaba plenamente con Josh en el agua; no quería ni necesitaba estar en ningún otro sitio.

El lunes, Josh me preguntó si podía tener una noche especial, porque significa mucho para él y siempre siento que debería haber más noches especiales. Era el momento perfecto, ya que sus hermanas no estaban. Pidió ir a Red Lobster, su restaurante favorito.

Le encanta el cangrejo. Me preocupaba el dinero, pero decidí que quería que pasara la noche como él quería. Saboreó cada bocado de su cangrejo. Luego fuimos a ver *Tarzán*. Me encantó estar con él, complacerle. Tiene nueve años y todavía le gusta cogerme de la mano, todavía se acurruca conmigo.

Me encanta cuando sonríe, cuando es feliz.

Todo esto puede parecer simple y ordinario para otra persona. Pero para mí no lo es. Es lo que he deseado —más que ninguna otra cosa— durante mucho tiempo. He querido que mi amor por mis hijos fluyera libremente, espontáneamente; he querido deleitarme con ellos, simplemente divertirme con ellos. He querido pasar tiempo con ellos, no porque deba hacerlo, no por obligación, sino con auténtico placer. He querido estar plenamente con ellos, sin distracciones ni preocupaciones. Y aunque casi me da miedo decirlo por miedo a gafarlo, está empezando a suceder. Me sorprendió durante el paseo en bicicleta, al día siguiente nadando y durante la noche especial de Josh. Estaba fluyendo, como siempre había deseado: mi amor y el placer de estar con él eran tan naturales como una lluvia suave y apacible.

No eran actividades nuevas para Holly. Lo que era nuevo era la ausencia de la habitual queja interior sobre lo que tenía que hacer al día siguiente, lo que Josh estaba haciendo mal o era peligroso, lo mala que era por no hacer esto más a menudo, etc., y la presencia de partes de ella a las que les encantaba jugar, les encantaba sentir su cuerpo en acción y les encantaba simplemente estar con Josh. Es esa combinación —la ausencia de quejidos y la presencia de partes de nosotros antes exiliadas— lo que puede traer el amor a la vida que anhelamos.

LA POSIBILIDAD DE LA BONDAD

Este viaje de descubrimiento con mis pacientes me ha llevado a conclusiones asombrosas sobre quiénes somos en realidad. No solo somos mucho más de lo que podríamos imaginar, sino que los aspectos de nosotros que pensábamos que demostraban nuestra inutilidad son en realidad diamantes en bruto. Somos intrínsecamente buenos hasta la médula.

Dado que mi escepticismo solo empezó a remitir tras años de ver confirmadas una y otra vez estas suposiciones edificantes, no espero que aceptes estas ideas solo porque yo diga que son ciertas. Nadie debería llegar a una conclusión en un sentido u otro hasta que no haya hecho sus propias exploraciones interiores. Como dijo Buda: "No creas en la fuerza de las tradiciones, aunque se hayan mantenido durante muchas generaciones y en muchos lugares; no creas en nada porque mucha gente hable de ello; no creas en la fuerza de los sabios de antaño. Después de investigar, cree en aquello que tú mismo has probado y te ha parecido razonable". Sin embargo, como todos hemos mamado los prejuicios negativos de la cultura occidental sobre la psique humana, nos resulta difícil explorar con una mente abierta, curiosa e inocente. Este libro intenta allanar el terreno para que, al explorar tu mundo interior, te plantees sustituir tu expectativa patológica culturalmente condicionada por la posibilidad de la bondad.

—— EJERCICIO ————————————————————

Conoce una parte

Dedica algo de tiempo a encontrar un espacio cómodo y privado. A continuación, selecciona una emoción, un patrón de pensamiento o una voz interior que te gustaría conocer. En las primeras fases de la exploración, es mejor empezar con una emoción hacia la que no tengas sentimientos muy intensos. Si necesitas ayuda para pensar en una, puedes echar un vistazo a la lista de los ejercicios del capítulo 1. Cuando hayas hecho tu selección, empieza a centrarte en esa voz, pensamiento o sentimiento y fíjate en dónde parece estar situado en tu cuerpo o alrededor de él. Si no encuentras un lugar concreto, no pasa nada, pero si lo encuentras, centrarte en ese lugar de tu cuerpo mientras haces el ejercicio puede serte de ayuda.

Observa cómo te sientes hacia la parte de ti de la que procede esa voz, pensamiento o sentimiento. Si sientes algo más que curiosidad, aceptación o compasión hacia esa parte, busca las otras partes que te están transmitiendo esos sentimientos o creencias sobre la parte original y comprueba si están dispuestas a confiar en ti y dar un paso atrás. Si dan un paso atrás y sientes curiosidad por la parte original, tómate tu tiempo para estar con ella y ver qué quiere compartir contigo.

CAPÍTULO IV

EXILIADOS, DIRECTIVOS Y BOMBEROS

Seguramente ya te habrás percatado de que los pacientes que he mencionado hasta ahora tienden a tener dos tipos de partes: unas que protegen su sistema y otras que son más vulnerables y están siendo protegidas. En este capítulo, presentaré un mapa para comprender mejor los distintos tipos de partes. Como a todos nos han hecho daño de manera similar, nuestros sistemas internos se organizan en patrones similares. Tus partes protectoras se han visto obligadas a desempeñar papeles que son similares a los de ciertas partes mías. La diferencia en nuestro funcionamiento está relacionada en gran medida con las diferencias en los papeles de las partes que nos dominan. Tiendo a ser tímido, así que la parte de mí que desalienta los riesgos sociales es fuerte. Siempre me dice que me rechazarán, así que no debería intentarlo. También tengo una parte a la que le gusta la gente y puede ser bastante extrovertida. En esa polarización, la parte pesimista tímida suele triunfar. Tú puedes ser todo lo contrario y tener una parte afable que suele anular a tu parte pesimista, por lo que se te considera una persona extrovertida. Desde esta perspectiva, cualquier categorización de los estilos de personalidad —ya sea el eneagrama, el *Manual Diagnóstico y Estadístico de los Trastornos Mentales* (DSM-5) o el indicador Myers-Briggs, entre otros— es una descripción de las formas en que se han organizado las partes de las personas.

En el mapa del modelo IFS, las partes protegidas reciben el nombre de *exiliados* porque son las partes vulnerables que intentamos encerrar en prisiones interiores o dejar congeladas en el pasado. Hay dos tipos de partes que protegen a los exiliados y también protegen al sistema de ellos: los *directivos* y los *bomberos*. Empezaremos hablando de los exiliados.

EXILIADOS

Piensa en momentos de tu vida en los que te hayas sentido humillado, afligido, aterrorizado o abandonado. ¿Qué has intentado hacer con los recuerdos, las sensaciones y las emociones de esos acontecimientos? Si eres como la mayoría de la gente, has intentado olvidarlos, enterrarlos en lo más profundo de tu mente. Piensa también en lo que la gente que te rodea te dijo que hicieras con ellos. Muchos de nosotros crecimos en culturas y familias en las que hemos absorbido una gran cantidad de desprecio por la debilidad y de impaciencia ante el dolor emocional. A la mayoría de nosotros, nuestros bienintencionados familiares y amigos nos han dicho alguna vez algo como "Olvídalo, déjalo pasar". Así que intentamos exiliar las secuelas de episodios terribles del pasado. Pero al hacerlo, no solo desterramos recuerdos, sensaciones y emociones, sino también las partes de nosotros que resultaron más dañadas por esos acontecimientos. Suelen ser nuestras partes más sensibles, inocentes, abiertas y ávidas de intimidad, que contienen cualidades como la vivacidad, el juego, la espontaneidad, la creatividad y la alegría de vivir. Como estas partes son tan sensibles y abiertas, son las que más han sentido el impacto de nuestros traumas y las que se han quedado atascadas cargando con los recuerdos, las sensaciones y las emociones de esos acontecimientos. Son infantiles y, al igual que ocurre con los niños traumatizados, se ven afectadas por los incidentes. En lugar de contribuir a su curación, añadimos el insulto a la herida. Como si fueran niños difíciles que perturban la paz del hogar, que requieren muchos gastos y atención o que nos avergüenzan, intentamos dejarlos en el lugar donde fueron heridos y seguir adelante. Cuando descubrimos que siguen alcanzándonos, los encerramos en el sótano y hacemos todo lo posible por olvidarnos de ellos.

No solo exiliamos nuestras partes traumatizadas. Piensa en cómo fue crecer en tu familia. ¿Qué partes de ti perturbaban la armonía de tu casa o avergonzaban a tus cuidadores? ¿Cuáles eran las reglas tácitas en tu familia sobre la vivacidad y la espontaneidad, la ira y la asertividad, la tristeza y el miedo, la independencia y la autonomía? ¿Hasta qué punto estaba tu familia dominada por partes que querían quedar bien con el mundo exterior y necesitaban que te ajustaras a una determinada imagen? ¿Y tus compañeros, cómo trataban a los que actuaban de una forma que no se ajustaba a lo "guay"? En otras palabras, ¿en cuántos líos te metieron ciertas partes de ti y qué intentaste hacer con ellas?

Como resultado de estos mensajes de nuestras familias, amigos y cultura, muchos de nosotros solo somos capaces de gestionar las emociones más optimistas, y estamos entrenados para desterrar cualquier emoción negativa. El poder del pensamiento positivo prevalece, pero ¿a qué precio? ¿Qué partes de las que estaban presentes cuando eras joven has exiliado para que te acepten, para tener "éxito" y para mantener una mentalidad positiva? La autora Debbie Ford escribe lo siguiente sobre los mensajes que recibió en su familia:

A la mayoría de nosotros nos educaron para creer que las personas tienen cualidades buenas y cualidades malas. Y, para que nos aceptaran, teníamos que deshacernos de nuestras malas cualidades, o al menos ocultarlas. [...]

Me decían: no te enfades, no seas egoísta, no seas mezquina, no seas avariciosa. "No seas" fue el mensaje que interioricé. Empecé a creer que era una mala persona porque a veces era mala y a veces me enfadaba y a veces quería comerme todas las galletas. Creía que tenía que deshacerme de esos impulsos para sobrevivir en mi familia y en el mundo. Y así lo hice. Poco a poco los empujé tan atrás en mi conciencia que olvidé que estaban ahí. Cuando llegué a la adolescencia, había encerrado tantas cosas en mi interior que era una bomba de relojería andante.[1]

Cuando lo piensas de este modo, es inquietante darte cuenta de la cantidad de recursos y cualidades maravillosas de las que te has privado y de lo limitada que es tu vida como consecuencia de ello. Pero es importante recordar que, desde la perspectiva de la psicología occidental, el exilio tiene mucho sentido. Si solo tienes una mente y te acosan pensamientos o emociones problemáticos, ¿por qué no intentas deshacerte de ellos? Si pensar en algo trágico te perturba, ¿por qué no te entrenas para no pensar en ello y, en su lugar, piensas en algo que te haga sentir bien? Si funcionara, ese podría ser el camino, y de forma limitada puede funcionar, al menos durante un tiempo.

Pero solo funciona si no te importa hacer daño a tu psique y convertirte en una persona menos completa. En realidad, a la mayoría de nosotros no nos importa porque no conocemos nada mejor. Nos sentimos bien la mayor parte del tiempo y sobrevivimos. Nos va tan bien como a la mayoría de la gente que nos rodea. Quizá tengamos síntomas físicos o emocionales, pero nunca los relacionamos con la energía que se necesita para suprimir grandes partes de nuestra mente.

Miedo a los exiliados

Lo irónico es que, una vez iniciado el proceso de exilio, este se refuerza a sí mismo. Una vez encerrados, esas partes exiliadas pueden poner en peligro tu sistema o, al menos, mermar tu capacidad de funcionamiento. Así que te comprometes aún más a no ir al lugar en que están y a mantenerlas a raya. Una de mis pacientes que había sufrido graves abusos sexuales de niña describió así cómo se sintió al conocer a una de sus partes exiliadas:

> Ansía retroceder, esconderse, pero no puede arriesgarse a hacer el más mínimo movimiento. Cualquier síntoma de estar viva lo animaría [al maltratador] a hacerse con más. Así que se mantiene erguida, con el aspecto exterior de un cadáver vacío. Sin embargo, sus entrañas están hinchadas por el ataque de la culpa y de la creciente vergüenza, que ha reclamado cada poro, y cada una de sus células implosiona como un torrente incontrolable de oscuras aguas residuales.

¿Quién querría volver a experimentar lo que sintió aquella niña? Cuando parece que las alternativas son dejarse abrumar por ese tipo de emoción o mantenerla encerrada, no es de extrañar que tengamos tantos exiliados.

También hay otras razones para temer a nuestras partes exiliadas. Nos hacen sentir y actuar de formas que la gente desprecia o de las que se aprovecha: nos hacen vulnerables, débiles, necesitados, tristes, retraídos y avergonzados. Algunas buscan amor de forma tan desesperada que nos dirigirán hacia relaciones dañinas o nos mantendrán en ellas solo para conseguir algo de afecto.

Para los que se identifican como hombres, la vulnerabilidad significa humillación instantánea. En nuestra cultura, ser hombre significa ser capaz de cortar rápidamente con los sentimientos heridos sin rechistar. En un estudio sobre estudiantes del ámbito universitario, los investigadores descubrieron que las mujeres tenían más tendencia que los hombres a buscar ayuda cuando estaban deprimidas. Recordemos la famosa cita de Henry David Thoreau: "La mayoría de los hombres llevan una vida de silenciosa desesperación"[2]. No es de extrañar que los hombres mantengan su desesperación en silencio. Como observa el terapeuta familiar Terrence Real:

> A los niños y a los hombres se les conceden privilegios y un estatus especial, pero solo a condición de que den la espalda a la vulnerabilidad

y a la conexión para unirse a la refriega. Los que se resisten, como los hombres no convencionales o los homosexuales, son castigados por ello. Los que pierden o no pueden competir, como los niños y los hombres con discapacidades o de la clase o el color equivocados, son marginados, invisibilizados. Los niños y los hombres viven cada día con una especie de miedo que rara vez se puede calmar. El camino es recto y la senda estrecha. Un paso en falso implica una larga caída. Si un hombre no es un ganador, es un perdedor. Y el coste de perder es algo más que el propio juego: es el abandono.[3]

La solitaria y estoica prisión en la que viven los hombres queda ilustrada en este diálogo entre un periodista que investiga el brutal asesinato de Matthew Shepard —que en 1998 fue apaleado hasta quedar irreconocible en Wyoming solo por ser gay— y un amigo de los asesinos:

"Si expresas tus sentimientos, eres un cobarde". Brent Jones, un hombre heterosexual que fue al instituto con McKinney y Henderson [los asesinos], me guiaba por el terreno psíquico de la vida de un chico.

"¿Qué haces cuando te duele algo?"

"Pues darme al whisky. Para eso lo creó Dios, ¿no? Te pones hasta arriba de alcohol y esperas a que se te pase o te vas a casa a llorar."

"¿Crees que eso se aplica a la mayoría de los chicos?"

"Sí, más o menos."

"Así que en secreto sois todos unos cobardes, y sabéis que lo sois, pero no podéis dejar que nadie lo sepa, aunque todos sepáis que lo sabéis."

"Podría decirse que sí".

"¿Puedes hablar con las chicas de estas cosas?"

"Solo si estás seguro de que es la indicada —por ejemplo, si te vas a casar, y entonces estás tan metido que no puedes evitarlo—, pero si no, si crees que podría romper contigo, entonces no, porque podría contárselo a alguien, y entonces todo el mundo pensaría que eres un cobarde. Y no quieres que la gente piense que eres un cobarde, a menos que lo seas, y entonces sabes que eres un cobarde, y entonces ya no importa."[4]

Creo que nuestra cultura obliga más a los hombres que a las mujeres a exiliar sus partes vulnerables. Las mujeres están socializadas para exiliar otras partes, como su asertividad o su poder, pero en algunos círculos socioeconómicos eso parece estar cambiando. Sin embargo, las mujeres tienen más probabilidades de sufrir traumas por agresiones sexuales, abusos o acoso, y también de haber acumulado cargas de inutilidad procedentes de la cultura machista aún omnipresente en la que estamos sumidos.

Así que tenemos muchas buenas razones para temer a los exiliados. Pueden arrastrarnos a agujeros negros de emoción o memoria, interferir en nuestro funcionamiento, atraernos hacia personas dañinas o mantenernos apegados a ellas, y hacer que nos rechacen o humillen personas que desdeñan la vulnerabilidad. No tendría sentido ir hacia ellos si se quedaran como están. Afortunadamente, sin embargo, liberarlos del exilio forma parte de un proceso que los transforma en sus estados vitales originales, así que el esfuerzo merece la pena. Pero la mayoría de la gente confía poco en esa posibilidad, así que es difícil de vender. Se les está pidiendo que vayan hacia su dolor, lo que va en contra de la forma en que han vivido toda su vida. Algunos pacientes describen el acercamiento a las partes exiliadas como lo más difícil y aterrador que han hecho nunca. En *El drama del niño dotado,* la psiquiatra suiza Alice Miller ofrece un ejemplo en su descripción del encuentro final con uno de sus exiliados:

La niña que llevo dentro... apareció... tarde, y quería contarme su secreto. Se acercó muy vacilante, y al principio me habló de forma inarticulada, pero me dio la mano y me condujo a un territorio que había estado evitando toda mi vida porque me asustaba. Sin embargo, tenía que ir allí; no podía seguir dándole la espalda, porque era mi territorio, el mío propio. Era el lugar que había intentado olvidar hacía tantos años, el mismo lugar donde había abandonado a la niña que una vez fui. Tenía que permanecer allí, a solas con sus conocimientos, esperando a que alguien viniera por fin a escucharla y a creer en ella. Ahora me encontraba ante una puerta abierta, mal preparada, llena del miedo de un adulto a la oscuridad y la amenaza del pasado, pero no me atrevía a cerrar la puerta y dejar a la niña sola de nuevo hasta mi muerte. En lugar de eso, tomé una decisión que iba a cambiar mi vida profundamente: dejar que la niña me guiara, depositar mi confianza en este ser casi autista que había sobrevivido al aislamiento durante décadas.[5]

A veces, este trabajo requiere mucho valor. Vas hacia lo que te has pasado la vida evitando. En el camino, es probable que encuentres una gran resistencia procedente de las partes de ti que han intentado con todas sus fuerzas evitar aquello hacia lo que te diriges.

Inutilidad y miedo a no sobrevivir

Los niños nacen con una fuerte necesidad de aprobación. Hay buenas razones para ello. Durante gran parte de la existencia de nuestra especie, la mayoría de los niños no sobrevivían a la infancia debido a enfermedades o complicaciones en el parto, así como a negligencias o abusos. Incluso ahora, mueren al año cinco millones de niños antes de cumplir los cinco años. Los bebés humanos son organismos que precisan de mucho mantenimiento. Requieren atención y esfuerzo constantes, y dependen de sus cuidadores durante un periodo extraordinario en comparación con otros animales. Para algunos, la desaprobación puede equivaler a la muerte o a un sufrimiento extremo.

En consecuencia, los niños nacen con un deseo imperioso de ser valorados y un intenso terror cuando sienten que no lo son. Lo que la gente llama autoestima es en realidad una sensación de seguridad de que uno fue valorado de niño y de que es probable que sobreviva. Si pareces gustar a tus cuidadores, puede que lo consigas; si no, puede que estés condenado.

Estos temores tempranos relacionados con la supervivencia disminuyen cuando el niño recibe mensajes coherentes sobre su valía y la seguridad del entorno. Un niño bien alimentado puede entrar en el mundo como si se metiera en un baño caliente. Las partes de la personalidad del niño diseñadas para garantizar la supervivencia se relajan y le permiten acceder a una rica vida interior llena de sensaciones y recursos maravillosos. Cuanto más capaz sea el niño de intuir este reino interior, más seguro se sentirá porque, además de percibir las partes creativas, aventureras y juguetonas, percibirá el Self, su verdadera identidad oculta detrás de todo el miedo. Como se ha descrito anteriormente, la conciencia de nuestro Self anímico proporciona una gracia trascendente: una sensación espontánea de conexión con algo más grande y el conocimiento de que nos quieren desde dentro.

Una teoría psicológica llamada *teoría del apego* ha producido un impresionante volumen de investigaciones que demuestran el poder que tienen nuestras interacciones tempranas con los cuidadores sobre nuestros sistemas de creencias y nuestra sensación de seguridad emocional a lo largo de la vida. Según esta teoría, la naturaleza del apego que formamos con nuestros cuidadores puede determinar cómo somos en las relaciones íntimas durante el resto de nuestra vida. Desde mi punto de vista, esto se debe a que algunas partes de nosotros nos tomamos muy a pecho cualquier mensaje en el que un cuidador nos diga que no somos valorados y, a partir de entonces, cargamos con una sensación de inutilidad y con la amenaza a la supervivencia que la acompaña.

Hay muchas maneras en nuestra cultura de recibir el mensaje de que no valemos nada. El maltrato y el abandono manifiestos son las dos formas más obvias de transmitir este mensaje a los niños, pero existen muchas otras. Por ejemplo, muchos padres consideran que hacer creer a los niños que no valen mucho puede ser motivador. La gente será extraordinariamente obediente y trabajadora cuando piense que su vida está en juego.

Muchos de mis pacientes adultos de gran éxito fueron alimentados con una dieta constante de vergüenza cuando eran niños o, en el mejor de los casos, se les hizo preocuparse deliberadamente por su valía. Por ejemplo, muchos hombres refieren que sus padres nunca les dijeron directamente que los querían y les dieron muchas razones para cuestionar su amor. No es raro que me cuenten historias de padres que creían que mostrar un amor incondicional malcriaría a sus hijos y los haría blandos o complacientes. Algunos de estos hijos llegaron a estar tan dominados por el deseo de agradar que, ya de adultos, trabajan sin cesar y sacrifican todos los demás aspectos de su vida para demostrar su valía a los padres y a la sociedad.

Al mismo tiempo, las familias son ecologías con un equilibrio delicado, y es casi imposible que los padres eviten transmitir de vez en cuando a sus hijos ese mensaje de falta de cariño sin darse cuenta. Nace un hermano que de repente te roba toda la atención de tus padres, y eres demasiado pequeño para entender por qué. Tu padre está a punto de perder su trabajo y explota contra ti por algo sin importancia. Si los padres tienen tiempo y espacio para reconocer cuándo han descargado una dosis de inutilidad sobre un hijo, pueden reparar el daño con una disculpa o un abrazo, pero, sobre todo en el frenético mundo actual, es difícil ser siempre tan conscientes. En consecuencia, la mayoría de nosotros hemos salido de nuestras familias con considerables cargas de inutilidad y luego acumulamos aún más por vivir en sociedad.

Ganar o ser un perdedor

En Estados Unidos nos enseñan a competir desde la edad preescolar. Tenemos que ganar para evitar ser unos perdedores, que es casi el peor insulto que existe en nuestra cultura. Hace poco vi una viñeta en la que un padre se arrodillaba mientras ponía las manos en los hombros de su hijo pequeño y le decía: "Hijo, recuerda que no importa que ganes o pierdas, a menos que pretendas que papi te quiera". Ese padre solo está diciendo en voz alta lo que muchos otros piensan, porque a ellos mismos les aterra ser unos perdedores. Creencias como "Mi valía se mide en términos de sacar más nota que otros en un examen, de ganarlos al jugar a algo, de conseguir un ascenso o de tener más dinero, popularidad, belleza o cosas que los demás" se interiorizan tanto que apenas somos conscientes de la frecuencia con que las pensamos. Incluso con los amigos, una parte de nosotros compara constantemente nuestro estatus con el de ellos, envidiamos en secreto sus triunfos y aplaudimos sus fracasos, como si siempre lleváramos la cuenta. Respetamos a nuestros amigos siempre y cuando todo el mundo piense que son geniales.

Te pongo un ejemplo personal: al comenzar mi adolescencia, estaba muy acomplejado y me sentía inseguro sobre mi aspecto y mi estatus. Era bajito, llevaba aparato y tenía acné, y mi nariz había aflorado de repente hasta el punto de dominar mi cara de la forma en que lo hace cuando algunos niños llegan a la pubertad. No ayudaba el hecho de que yo fuera el único judío en un grupo de cristianos que solían hacer bromas sobre el judaísmo y que, al acordarse de que yo estaba allí, me decían: "Ay, perdona, Schwartz". Estaba desesperado por ser popular y me esforzaba por encajar en el grupo de chicos populares, pero su forma de relacionarse era menospreciarse unos a otros. Era una especie de juego de dominación en el que, si eras capaz de pararles los pies, te aceptaban, pero si olían sangre, te convertías en el blanco de un sádico ataque verbal. Me herían con demasiada facilidad como para seguirles el ritmo y, a pesar de absorber profundas magulladuras emocionales, era como si nunca tuviera suficiente. Odiaba las partes de mí que se sentían heridas e intentaba exiliarlas para poder "aguantar" como los otros chicos. Los exiliados suelen ser víctimas de este tipo de doble o triple golpe. El trauma inicial les hiere, luego los atacan las partes protectoras por ser débiles y, finalmente, acaban condenados a cadena perpetua y encerrados en mazmorras interiores.

Afortunadamente, me aparté de ese grupo antes de que mis partes sensibles se convirtieran en exiliados permanentes, pero se me quedó un fuerte miedo a abrirme a los hombres lo suficiente como para desarrollar amistades cercanas. En consecuencia, pasé por un largo periodo sin amigos durante el cual me sentía constantemente como un perdedor de proporciones monumentales, pero fingía ante mi familia y mis compañeros que las cosas iban bien.

Esa sensación de ser un perdedor me ha atormentado durante toda la vida y flota desde las profundidades de mi psique cada vez que hay un periodo de sequía en mi vida social. He trabajado con tantos pacientes marcados de forma similar por ese concurso de popularidad en el que se ha convertido la sociedad estadounidense que he llegado a la conclusión de que la mayoría de los estadounidenses van por ahí creyendo en el fondo que son unos perdedores. Nos pasamos la vida aterrorizados ante la idea de que alguien vea que lo somos mientras intentamos demostrarnos a nosotros mismos y a todos los demás que no lo somos.

El impulso hacia la redención

Las partes de nosotros que se sienten perdedoras y que creen que no valemos nada constituyen para muchas personas su conjunto de exiliados más temido. Una de las razones es que esas partes están desesperadas por redimirse. Se obsesionan con conseguir que la persona que les transmitió el mensaje de inutilidad revierta ese mensaje. Por eso, muchas personas se vuelven disfuncionalmente apegadas a un padre abusivo o a alguien que se parece, suena o actúa como ese padre. Se vuelven adictos a cualquier momento fugaz de aprobación y soportan montañas de denigración y explotación solo para conseguirla.

Cuando reciben el mensaje de que los quieren, nuestros exiliados se elevan con la misma fuerza con la que se estrellan cuando el redentor percibido les retira ese amor. Es como si cada uno de nosotros caminara con un candado invisible en la pierna buscando desesperadamente a la persona que tiene la llave para abrirlo. Nuestros exiliados creen que el poseedor de la llave es la persona que les puso el candado, o una réplica de esa persona. Por desgracia, normalmente esa persona también lleva más candados, un hecho que ignoramos en nuestra prisa por liberarnos del dolor. En consecuencia, nuestros exiliados nos llevan a alguien que a veces puede hacernos sentir muy bien, pero que otras veces nos pone más candados en las piernas, lo que nos desespera aún más. Así es como nos volvemos adictos a las personas que nos hacen daño. Nuestras partes exiliadas anhelan tanto el amor o la aprobación de un redentor designado que están dispuestos a sufrir (y a veces creen merecer) el abuso que lo acompaña.

Para muchos de nosotros, el terror relacionado con la supervivencia y la sensación de inutilidad que arrastran ciertos exiliados se convierten en las fuerzas que rigen nuestras vidas, por ejemplo, organizando nuestra elección de pareja y nuestro afán consumista por conseguir o acumular. El anhelo y la esperanza de estas partes tienen tanto poder que, incluso desde sus celdas, ejercen una especial influencia inconsciente sobre nuestras decisiones. Vivimos con miedo a cualquier acontecimiento que desencadene esa sensación de ser un perdedor y, sin embargo, como si fuéramos insectos atraídos por la luz, nos sentimos constantemente atraídos hacia personas o acontecimientos que podrían liberarnos de esa maldición. Esas partes están bien mientras haya esperanza de redención en el horizonte. Cuando ocurre algo que extingue esa esperanza, ¡cuidado!

En algunas temidas ocasiones, el polvorín de emociones que cargan nuestros exiliados se prende. Resulta que nuestros pozos subterráneos de dolor y vergüenza son combustibles, como si estuvieran llenos de gasolina. Ciertos acontecimientos o interacciones son como una cerilla que provoca llamas de emoción que amenazan con consumirnos. Volvemos a experimentar las cargas de terror, soledad, humillación, abandono, desesperación o inutilidad que nuestros exiliados han estado llevando por nosotros. Si esos exiliados se apoderan totalmente de nosotros, podemos quedar incapacitados. Obsesionados y regresivos, incapaces de dormir o concentrarnos, constantemente agitados o deprimidos, invitamos al diagnóstico psiquiátrico. No podemos trabajar y a veces no podemos ni levantarnos de la cama. Esta es la peor pesadilla de nuestras partes protectoras. Gastan mucha energía intentando mantener encerrados a nuestros exiliados y nuestro entorno libre de acontecimientos o personas que puedan desencadenarlos. Por eso nuestras partes protectoras construyen fortalezas a nuestro alrededor. Esa noche oscura y ardiente del alma puede motivarnos a intentar encontrar nuevas formas de encerrar a nuestros exiliados, a parchear las grietas de nuestra fortaleza y encontrar nuevas distracciones. Pero si tenemos valor y ayuda, los acontecimientos que destrozan la fortaleza pueden llevarnos a un renacimiento a través de la curación de nuestros exiliados.

DIRECTIVOS

Denomino *directivos* a las partes protectoras que están a cargo de nuestra seguridad cotidiana. Para muchos de nosotros, son las voces que oímos más a menudo, hasta el punto de que llegamos a pensar que nosotros mismos somos esas voces o pensamientos. Aunque confiamos en sus opiniones, estrategias y juicios, también nos sentimos limitados por ellos o molestos con ellos.

Los directivos son las partes de ti que quieren controlarlo todo. Intentan controlar tus relaciones y tu entorno para que nunca estés en posición de que te humillen, te abandonen, te rechacen, te ataquen o te provoquen cualquier otro estado inesperado y doloroso. Por la misma razón, intentan controlar tu aspecto, tu rendimiento, tus emociones y tus pensamientos. En este esfuerzo protector, a menudo tienen una filosofía de "nunca más". "Nunca más te dejaré ser tan débil, tan dependiente, tan abierto, tan confiado, tan feliz, tan atrevido...".

Los directivos son las partes que controlan la imagen que das a tus padres, jefes y otras personas de las que dependes. Buscan grietas en tus máscaras de invulnerabilidad, amabilidad y perfección, y te comparan desfavorablemente con iconos culturales, con los vecinos de la puerta de al lado o con el compañero de trabajo del despacho contiguo. Los directivos interpretan el mundo por ti y crean las narrativas que guían tu vida. Son autores y ejecutores de la historia que tienes sobre ti mismo y que se llama identidad. Crean historias —"Soy una buena persona", "Soy muy trabajadora", "Soy muy fuerte"— basándose en la información que les llega del mundo exterior con fines protectores. Es decir, una persona habitualmente amable exilia sus partes enfadadas, una persona trabajadora no dedica mucho tiempo a sus partes juguetonas o amantes de la intimidad y una persona fuerte mantiene ocultas sus partes vulnerables. Los directivos crean narrativas negativas por razones de protección similares. Si crees que básicamente no te quieren o que eres un perdedor, no correrás muchos riesgos y no te sentirás decepcionado. Del mismo modo, los directivos pueden controlarte con las historias que te cuentan sobre el mundo exterior ("La gente es peligrosa" o "La vida no es divertida"). Los jefes son tus creadores de realidad. Es probable que estés tan identificado con algunos directivos que hayas vivido toda tu vida sin cuestionar esas historias sobre ti mismo y sobre el mundo. No es de extrañar que solo tengas destellos fugaces de quién eres en realidad.

Muchas de las historias que las partes directivas nos cuentan sobre nosotros mismos proceden de nuestra familia o nuestra cultura. Los directivos son los internalizadores de nuestro sistema: abren la puerta de nuestra psique y acogen los valores que nos rodean. Creen que nuestra supervivencia depende de la misericordia del mundo exterior, por lo que asumen las voces de la autoridad en un esfuerzo por conseguir que nos comportemos adecuadamente. Por ejemplo, si te centraras en tu crítico interior, podrías descubrir que tiene la voz, la imagen o las palabras de uno de tus padres reprendiéndote por no esforzarte lo suficiente o por no tener el aspecto adecuado. Esta parte también te evalúa basándose en estándares culturales de belleza y logros, y señala constantemente las áreas en las que no das la talla. De este modo, tus directivos absorben las emociones y creencias de tus seres queridos y de la cultura en general. Son lo que algunas psicoterapias llaman tu "falso Self" y lo que algunas tradiciones espirituales denominan tu "ego que te mantiene apegado al mundo". Pero, de nuevo, es un error pensar que en su esencia son lo que parecen. Puede que utilicen la voz o la imagen de un padre para tener más influencia, pero se trata de una máscara o un accesorio, y no de quienes son en realidad.

La mejor manera de entender a los directivos es pensar que se esfuerzan por adelantarse a cualquier cosa que pueda afectar a nuestros exiliados. Quieren proteger a nuestros exiliados, pero también los desprecian por ser débiles o necesitados. Los directivos culpan a esas partes vulnerables de hacernos daño. Sienten un miedo atroz a verse abrumados por el dolor o la vergüenza de los exiliados. Como centinelas, siempre están en guardia para detectar acontecimientos que puedan activar a las partes exiliadas y para elaborar estrategias para evitarlos. Quieren cambiar el mundo para hacerlo más predecible y menos amenazador, y temen las consecuencias de ceder algo de su poder. Los directivos desean constantemente mantener la ley y el orden en sus sistemas internos, ya sea dominando, controlando o retirándose del mundo.

A menudo estamos resentidos con nuestras partes directivas porque las experimentamos como el constante parloteo interior que nos impide concentrarnos, las voces de odio hacia nosotros mismos que nunca cesan, el miedo que nos frena en las relaciones, el impulso de hacer cosas por los demás que nos hace descuidarnos, el afán de logro que consume toda nuestra energía, el sentimiento de victimismo que cansa a los demás, la desconsideración hacia los demás por creer que llevamos razón, etcétera. Los directivos forman la capa de ruido que los dioses colocaron sobre nosotros para que no pudiéramos descifrar el secreto de la felicidad. Sin embargo, cuando llegamos a conocerlos, descubrimos que por lo general son mucho más jóvenes de lo que parecen a primera vista, y están sobrecargados de responsabilidad y miedo. Como niños parentizados, están sobrepasados y, en consecuencia, se han vuelto rígidos y punitivos. A menudo se sienten poco apreciados y odian su trabajo, pero piensan que alguien tiene que hacerlo. Siento una gran compasión y respeto por tus directivos, y espero que tú también.

En mi trato con los pacientes, he descubierto que hay papeles directivos que se repiten. A continuación, presento los más comunes. Empecemos por nuestros compañeros de siempre: los críticos.

Críticos: jefes de tareas y buscadores de aprobación

Probablemente estés tan acostumbrado al flujo constante de tu evaluación interna que, como si fuera la banda sonora de tu vida, se convierte en ruido de fondo. Cuando te centras por primera vez en ese ruido, a menudo te sorprendes al darte cuenta de la cantidad que hay. Si te centraras en él, te darías cuenta de que hay varias partes diferentes que puedes diferenciar en función de sus motivos. Es decir, algunos son jefes que se sienten responsables de obligarte a trabajar mucho y que tienen unos estándares de rendimiento elevados, a menudo inalcanzables. Con frecuencia te comparan desfavorablemente con los que te rodean o con los medios de comunicación y te reprochan cualquier error. Utilizan la misma vara de medir y las mismas tácticas para motivar a los demás.

Otros críticos cargan con la responsabilidad de conseguir la aprobación social y se centran en tu aspecto y en tu forma de comportarte con los demás. Te tienen todo el tiempo frente al espejo o en la báscula del baño con el objetivo de resaltar todos los defectos de tu cuerpo. Vigilan lo popular que eres y generan su propia comparación con los que te rodean. También evalúan constantemente el aspecto y la popularidad de los demás. Como tienen diferentes responsabilidades y planes para protegerte, los controladores de tareas y los buscadores de aprobación suelen estar en conflicto. Unos quieren que avances implacablemente, que trabajes sin parar y que hagas saber a los demás lo mucho que te decepcionan. Los otros quieren que seas amable con todo el mundo para caerles bien, que nunca amenaces a nadie con tu rendimiento y que emplees tu tiempo en socializar para asegurarte de tener amistades. Este ejemplo vuelve a sacar a relucir el concepto de polarización. Hay tantas polarizaciones naturales entre las partes protectoras sobre la mejor manera de dirigir a una persona como entre los políticos a la hora de dirimir cómo dirigir un país. Ambas críticas suelen polarizarse con un directivo diferente: el pesimista.

Pesimista

Cuando piensas en asumir un riesgo, ¿qué te pasa por la cabeza? Si eres como yo, inmediatamente una voz (a veces un coro) de pesimismo y fatalidad secuestra el micrófono interior y trata de disuadirte. Mi voz suele ir acompañada de un fuerte letargo y de apatía. En cuanto empiezo a entretenerme con una visión de cambio, en palabras del escritor Gregg Levoy, es como si "una horda de advertencias y mandamientos se aferrara [a la visión] como hacen los anticuerpos con una bacteria invasora"[6]. Si persisto en el riesgo, mi pesimista se convierte rápidamente en un crítico que intenta minar mi confianza resaltando mis defectos y recordándome todas las veces que he fracasado o que me han rechazado en el pasado. La escritora Anne Lamott conoce a su pesimista y lo llama "Mente Mala". Un día en que su coche se averió en pleno tráfico, escribió:

> Fue una pesadilla: Mente Mala entró en acción. A Mente Mala le encantan este tipo de oportunidades. "Te lo dije", dice Mente Mala. Me susurra que estoy condenada porque soy una perdedora. Mente Mala puede inclinarse ligeramente hacia la paranoia".[7]

Los pesimistas suelen ser blanco de nuestro odio porque son los obstáculos evidentes en nuestro camino hacia el éxito y la felicidad. Es fácil pasar por alto su naturaleza protectora. Si Lamott se centrara en Mente Mala con compasión y le hiciera preguntas, descubriría que no se parece en nada a lo que ella pensaba. Habiendo tenido innumerables conversaciones con mis pesimistas y con los de mis pacientes, supongo que su diálogo interior podría ser algo así:

LAMOTT: ¿Por qué siempre me insultas y me haces sentir mal?

MENTE MALA: Porque eres una perdedora, cometes muchos errores y siempre te pasan cosas malas.

LAMOTT: Sí, a veces meto la pata... Tal vez debería haber buscado más antes de comprarme ese coche. Pero no ayuda que te lo restrieguen todo el tiempo. ¿Qué temes que pasaría si no lo hicieras?

MENTE MALA: Si no lo hiciera, la fastidiarías aún más. Y seguirías decepcionándote.

LAMOTT: ¿Así que estás tratando de protegerme de la decepción?

MENTE MALA: Eso es. Eres muy imprudente y no paras de hacerte daño.

LAMOTT: ¿De dónde has sacado la idea de que yo soy una perdedora?

MENTE MALA: De mamá, que te llamaba vaga, y de los chicos que te rechazaban en el instituto.

Muchas personas diagnosticadas de depresión están dominadas por su pesimista. Si este decide que tiene que apagarte para evitar que te hagan daño, puede hacerte sentir totalmente apático, desganado, desesperanzado e inútil. En ese papel, es eficaz no solo para paralizarte, sino también para mantener a raya las emociones más crudas y agudas de tus exiliados.

Cuidador

Mientras que la cultura occidental socializa a los hombres para que los dominen directivos esforzados y autónomos que creen que tienen derecho a todo, a muchas mujeres se les sigue enseñando a que las lideren sus partes cuidadoras. Son las partes que se responsabilizan del bienestar de todos los que te rodean poniendo su bienestar muy por encima del tuyo en tu lista interna de prioridades. Puede que te preocupes constantemente por cómo les va a los demás, que asumas más carga de trabajo de la que te corresponde, que sacrifiques tu tiempo libre para cuidar de los demás y que hagas que la gente dependa de ti. A menudo puedes tener la creencia de que los demás son más valiosos que tú y de que, si no te ocupas de todos, no le gustarás a nadie. Las partes cuidadoras tienden a crear relaciones en las que tu pareja o tus hijos dependen de ti, pero también te explotan y no te respetan.

Víctima

He descubierto en mis pacientes y en mí mismo una parte que puede distorsionar y amplificar cualquier desaire hasta el punto de que nos sintamos totalmente víctimas y merecedores de formas extremas de compensación. Cuando mi mujer solía herir mis sentimientos, esa parte se apoderaba de mí y le exigía no solo que se disculpara, sino también que escuchara cada detalle sobre cómo me había herido y que me prometiera que no volvería a hacer nada parecido. La acción hiriente de mi mujer pasaba a formar parte del registro que esta parte hacía de todas las demás cosas que ella y otras personas me habían hecho, y yo me las recordaba a mí mismo y a ella con frecuencia. Esta parte víctima también podía excusar cosas hirientes que yo pudiera hacer, diciendo que tenía que hacerlo por lo que me había pasado, y podía hacerme sentir con derecho a más recursos o menos trabajo como compensación. De esta parte víctima es de la que se queja la gente cuando dice despectivamente: "No haces más que compadecerte de ti misma". Por desgracia, ese mensaje ha calado en nuestra cultura hasta el punto de que interfiere en nuestra capacidad de sentir compasión por cualquiera de nuestras partes.

Parte que imita al Self

Cuando trabajo con pacientes, me he dado cuenta muchas veces de que, a través del proceso IFS, acceden a un estado que parece encarnar muchas cualidades del Self, pero el trabajo no fluye. Aparentemente son curiosos y se preocupan por sus partes o su pareja, pero si escucho atentamente, detecto una sutil intención oculta que subyace a sus palabras o acciones. Por ejemplo, en una sesión de pareja, una mujer estaba muy enfadada con su marido, y él parecía bastante razonable y receptivo a lo que ella decía, de modo que parecía que él estaba en su Self y ella en su parte víctima. Sin embargo, cuando presté más atención al tono del marido y a sus palabras, noté una conformidad vacía, una distancia protectora y una ligera condescendencia. En otras palabras, aunque parecía que se preocupaba, su corazón no estaba abierto, y estaba utilizando esa parte razonable para mantener una imagen de ser "el que lo tenía todo controlado". Cuando trabajaba con su mundo interno, esta misma parte que imitaba al Self interactuaba con sus otras partes, y a mí me confundía que no respondieran como lo hacen las partes de la mayoría de las personas en presencia del Self. Me llevó algún tiempo identificar esa parte como una parte que imitaba al Self (en lugar de su propio Self) porque yo tengo una con la que estaba muy identificado.

Como parece tan similar al Self, para muchas personas la parte que imita al Self es el protector más difícil de detectar. La única forma en que puedo detectar esta parte en mí mismo es comprobar hasta qué punto está abierto mi corazón o notar si tengo planes ocultos mientras interactúo con alguien.

Hay muchos otros directivos típicos, y puede que encuentres algunos que sean concretamente tuyos. Como los directivos pueden ser tan restrictivos, a menudo tenemos con ellos una relación de amor/odio, como la que tendríamos con un padre, un jefe o una pareja dominante. Odiamos lo mucho que algunos nos critican o cómo otros nos mantienen congelados y cohibidos. Nos encantaría librarnos de ellos y sentirnos libres por fin. Al mismo tiempo, sentimos que dependemos de que nos guíen y nos protejan. Para muchos de nosotros, esos directivos siempre han estado ahí, así que la perspectiva de una vida sin todo ese parloteo y tensión interior resulta extraña y amenazadora. *Si no me dijera a mí mismo que soy perezoso y lento, puede que no me esforzara tanto. Si me ocupara de mí mismo antes de ocuparme de los demás, quizá no le caería bien a nadie. Si dejara que la gente viera quién soy realmente, me rechazarían.* Esas partes nos han traído hasta aquí, así que ¿por qué arriesgarse? Además, si todo el ruido interior o la actividad exterior se apagaran, podríamos vernos arrastrados al mundo desesperado de nuestros exiliados.

Para relacionarse eficazmente con los directivos, es importante apreciar las responsabilidades que asumen, el estrés constante al que están sometidos y los sacrificios que han hecho para protegernos. Malinterpretar la naturaleza de las partes ha sido una de las mayores fuentes de sufrimiento humano. Como algunos directivos hacen cosas que nos impiden disfrutar plenamente de la vida, nos peleamos con ellos y maldecimos su existencia. Terapeutas bienintencionados de todo tipo nos animan a plantar cara a los matones internos, a desechar las voces "codependientes" de los cuidadores, a rebelarnos contra el impulso hacia la perfección, a aplastar a los pesimistas temerosos y a exorcizar a los fanáticos internos. Nos dan afirmaciones para contrarrestar las críticas internas e interpretaciones para corregir sus creencias irracionales.

Luchar contra los directivos restrictivos es algo de sentido común y sería lo correcto si funcionara. Pero no funciona, porque se basa en una premisa errónea: que las partes son los papeles que desempeñan, que son lo que parecen. Cuando llegas a conocerlos, descubres que la mayoría de los directivos se agotan en sus papeles y son mucho más que sus papeles. Nunca he encontrado una parte que fuera puramente mala o destructiva. Ralph Waldo Emerson dijo: "¿Y qué es una mala hierba? Una planta cuyas virtudes no han sido descubiertas"[8]. Cuando nuestras partes parecen malas hierbas que hay que arrancar, es porque no nos hemos tomado el tiempo de aprender de su belleza.

El poeta Rainer Maria Rilke sabía de esto cuando aconsejó a un poeta más joven que se sentía abrumado por la duda autocrítica. Le dijo que, si dejaba de luchar contra ella, "llegará el día en que, en lugar de ser una destructora, se convertirá en una de tus mejores trabajadoras, quizá la más inteligente de todas las que están construyendo tu vida"[9].

Algunos directivos sufren el problema contrario: nos gustan demasiado. Como niños parentizados, los sobrecargamos de responsabilidad y poder. Por ejemplo, he trabajado con muchos pacientes que dependían de su parte intelectual y resolutiva para guiar todas sus decisiones. Esas partes parecían sopesar racionalmente todos los datos, pero sus elecciones finales solían favorecer el camino seguro y estrecho frente a cualquiera que implicara intimidad o emoción. Nuestra cultura premia y recompensa a estas partes porque pueden construir puentes colgantes y empresas en Internet, así que cada vez confiamos más en ellas. Dejamos que esas partes pongan distancia entre nosotros y nuestros sentimientos más aventureros, fructíferos y amantes de la intimidad.

Lo que hay que destacar en este debate sobre los directivos es que hacen todo lo posible por mantenernos a salvo y, para la mayoría de nosotros, no ha sido una tarea fácil. Venimos a un mundo lleno de peligros reales —enfermedad, pobreza, delincuencia, discriminación, opresión— y, dependiendo de la historia de nuestra familia y nuestra cultura, heredamos temores adicionales. A lo largo de nuestra infancia, experimentamos diversos grados de rechazo, abandono, traición y humillación. Todas estas influencias nos llevan a perder la confianza en nuestro liderazgo natural e interno: nuestro Self. Los directivos tomaron el mando en momentos aterradores o traumáticos de nuestro pasado y se comprometieron a no permitir que nada parecido volviera a suceder. Vieron lo difícil que era sobrevivir en el mundo y decidieron moldearnos de la forma más aceptable posible. Se dieron cuenta de lo devastadoras que pueden ser las emociones que cargan nuestros exiliados y se comprometieron a mantenernos a salvo. En cierto modo, sacrificaron su disfrute de la vida para proteger al resto de nuestro sistema.

BOMBEROS

Por mucho que nuestros directivos se esfuercen en construir una fortaleza protectora a nuestro alrededor y en controlarnos a nosotros, nuestras relaciones y lo que nos ocurre, el mundo tiene a veces una forma de traspasar sus defensas y activar a nuestros exiliados. Por todas las razones expuestas anteriormente, se trata de un estado muy amenazante. Es como si sintiéramos el pánico de una alerta roja en un reactor nuclear, como si estuviéramos a punto de tener una fusión. Todos tenemos partes que entran en acción en ese momento para apagar el fuego, así que yo las llamo *bomberos*. Puede parecer un término extraño para este grupo de partes porque, en cierto modo, son más bien los que provocan el incendio y crean las crisis en nuestras vidas. Pero los llamo así porque ese término mantiene el enfoque en la naturaleza protectora incluso de las cosas destructivas que hacen. Los bomberos hacen lo que sea necesario para sacarnos del estado de alerta roja. ¿Cuál es tu primer impulso cuando empiezas a sentir el ardor desesperado del dolor, el vacío, la inutilidad, la vergüenza, el rechazo, la soledad o el miedo? ¿Con qué impulso actúas para alejar ese fuego de tu vientre? ¿Con qué impulsos solo fantaseas? Muchos de nosotros, en un compromiso con nuestros directivos, nos damos un atracón de algo socialmente más aceptable —trabajo, comida, ejercicio, tele, compras, dietas, ligar, dormir, medicamentos receta-dos, cigarrillos, café, ensoñaciones y fantasías, juegos de azar, meditación o actividades que buscan emociones fuertes— en un esfuerzo por distraernos de las llamas hasta que se consumen o se apagan. Cuando nuestro esfuer-zo no da resultado, nuestros bomberos recurren a medios más drásticos y menos aceptables, como las drogas ilegales, el alcohol, los pensamientos o comportamientos suicidas, la rabia y los actos de dominación, la automutila-ción, la actividad sexual compulsiva, las aventuras extraconyugales, el robo o las relaciones punitivas. Muchos de mis pacientes recurren inmediatamente al plan B porque sus bomberos han comprobado a lo largo de los años que el primero no sirve de mucho para apagar las llamas de la emoción. Los bom-beros utilizarán prácticamente cualquier pensamiento, actividad o sustancia si funciona.

Para algunas personas, los bomberos utilizan el cuerpo. La aparición repentina de dolores o enfermedades puede ser una distracción eficaz. Los bomberos pueden amplificar dolores físicos o enfermedades ya existentes, disminuir la resistencia a virus o bacterias o pulsar botones fisiológicos que desencadenan afecciones genéticas. Desde esta perspectiva, la noción dualista de que o está en tu cabeza o es bioquímica dicotomiza inútilmente una relación profundamente entretejida entre cuerpo y mente. Nuestras partes afectan profundamente a nuestra fisiología y viceversa. La forma en que tratamos nuestro cuerpo —lo que comemos, cuánto dormimos, cuánto ejercicio hacemos, cuánto trabajamos o bailamos, cuánto masajes nos dan o cuánto meditamos— influye mucho en lo tranquilas o alteradas que están las distintas partes.

Otro grupo de bomberos favorece la retirada impulsiva. Si perciben un rechazo inminente, nos hacen correr o alejar a la persona que puede recha-zarnos. A menudo no somos conscientes de su trabajo, solo del impulso de huir o luchar. Estos bomberos pueden hacer que queramos salir corriendo de repente de una habitación en una situación amenazante o que nos sintamos somnolientos, confusos, mareados o entumecidos. He tenido pacientes que, cuando nos acercábamos a los exiliados, de repente se quedaban totalmente dormidos, se quedaban en blanco sin pensar o experimentaban vértigo.

La imagen que tengo a menudo de un bombero es la de un adolescente que es responsable de un bebé que está gritando, y nada de lo que haga el adolescente parece ayudar. Intentará meterle algo al bebé en la boca para calmarlo (por ejemplo, comida, drogas o alcohol), tratará desesperadamente de encontrar a otra persona que se ocupe de él (flirteo, aventuras amorosas) o buscará una distracción para sí mismo y para todos los demás hasta que el bebé deje de llorar (televisión, meditar, ir de compras). Si ninguno de estos esfuerzos funciona, es probable que el adolescente frustrado meta al bebé en un armario para ahogar sus lamentos y espere a que se duerma. Esta imagen transmite la compasión que he llegado a sentir por tus bomberos. Tienen trabajos espantosos y a menudo son odiados y atacados tanto por sus jefes como por la gente que los rodea.

Los directivos y los bomberos intentan proteger el sistema, pero lo hacen de formas opuestas. Los directivos son preventivos: intentan anticiparse a cualquier cosa que pueda molestar a los exiliados e intentan controlar el entorno para mantenerlos a salvo. A la mayoría de los directivos también les preocupa agradar a la gente. Los bomberos son reactivos: entran frenéticamente en acción en cuanto los exiliados se alteran y comienza el incendio. Su urgencia les hace despreocuparse impulsivamente de las consecuencias. Suelen hacer que uno se sienta fuera de control y con frecuencia disgustan a la gente. Son las partes que pueden convertirte en una persona obesa, adicta, hostil, taimada, enferma, insensible y compulsiva. A ellas se refería el apóstol Pablo cuando dijo: "No entiendo lo que hago, pues no hago lo que quiero, sino lo que aborrezco" (Romanos 7:15). Al igual que Pablo, los directivos a menudo odian a los bomberos a pesar de que, al igual que los directivos, intentan protegernos, solo que de un modo diferente. A su vez, los bomberos suelen rebelarse contra la vergüenza que les infunden los directivos aumentando el poder destructor de sus actividades.

Es muy difícil para la mayoría de la gente creer que los impulsos destructivos provienen de partes buenas en papeles malos. He trabajado con muchas partes aparentemente malvadas en pacientes que eran delincuentes sexuales, niños con trastornos de conducta y supervivientes de abusos sexuales: partes que decían ser el diablo, que querían matarme, que habían abusado de niñas pequeñas, que atacaban a la gente por la calle al azar o que recreaban abusos pasados dentro de la vida de la persona. Todas estas partes tenían historias similares que contar. Todas eran partes buenas en papeles malos. Algunas eran héroes, de un modo extraño. La razón por la que cargaban con tanta rabia o energía sexual era porque habían recibido el balazo para proteger al resto del sistema cuando la persona había sufrido abusos. Como guardaespaldas que saltan delante de aquellos a quienes escoltan para protegerlos de los atacantes, se habían sacrificado y habían protegido a mis pacientes permaneciendo presentes durante el abuso mientras que a otras partes se les permitía salir. En consecuencia, absorbieron cantidades tóxicas de la energía del agresor. Esa energía las llevaba a actuar de formas que a ellas mismas no les gustaban. He trabajado con delincuentes sexuales lo suficiente como para conocer el dolor y la vergüenza exiliados que arrastran de una infancia de abusos, abandono y pérdida. Henry Wadsworth Longfellow dijo: "Si pudiéramos leer la historia secreta de nuestros enemigos, encontraríamos en la vida de cada hombre dolor y sufrimiento suficientes para desarmar toda hostilidad"[10].

Cuando los bomberos toman el control, pueden hacernos sentir como si estuviéramos poseídos por algo fuera de nuestro control, por lo que son un blanco fácil de demonización. Así comienzan interminables círculos viciosos internos que reflejan el que existe entre Dios y Satanás. Convertimos una parte en maligna e intentamos deshacernos de ella. Un niño marginado de su familia se siente herido, avergonzado y enfadado. Como resultado, se vuelve más extremista y rebelde, y se esfuerza más por tomar el control. Los directivos honestos se esfuerzan más por eliminarlo. Tras varias rondas sintiéndose atacados, algunos bomberos, como algunos niños, tienen fantasías de destruir el resto del sistema y pueden llegar a ser peligrosos. Sin embargo, mi experiencia es que, si se invierte el ciclo y se les trata con respeto y compasión, incluso aquellos bomberos aparentemente empeñados en el mal abandonan rápidamente sus máscaras destructivas.

Sin embargo, es importante recordar que, por muy compasivamente que trates a tus bomberos, no podrán cambiar mientras haya un incendio que combatir. En otras palabras, hasta que se curen los exiliados a los que protegen o de los que te distraen, tus bomberos seguirán teniendo los mismos impulsos de siempre. Ten en cuenta también que no todos los bomberos son tan destructivos o extremos como los comentados anteriormente. Algunos de los míos incluyen partes que me hacen trabajar todo el tiempo, sentir hambre de azúcar o de alimentos grasientos y anhelar una distracción sin sentido. Dado que estos bomberos son omnipresentes y están normalizados en nuestra cultura, apenas noto su presencia hasta que me encuentro frente al ordenador, la nevera o la tele. Si nos paramos a pensarlo, un enorme segmento de la economía de algunos países, entre los que se encuentra Estados Unidos, se basa en proporcionar actividades, sustancias y bienes diseñados para ayudar a nuestros bomberos a distraernos y adormecernos. Nos ayudan a evitar la conciencia del dolor en nuestro país e internamente. Por ejemplo, si todos los estadounidenses curaran a sus exiliados, la bolsa podría caer, pero no soportaríamos los tipos de desequilibrios que existen en este país ni a los políticos que exacerban esos desequilibrios.

NO MÁS BOMBEROS, DIRECTIVOS NI EXILIADOS

Así pues, los bomberos nos alejan de nuestro estado del Self, centrado en el presente y encarnado. Sin embargo, la buena noticia es que, una vez liberados de sus funciones extremas, los bomberos suelen transformarse en nuestras partes más vivas, alegres y resistentes. Se comprometen apasionadamente con la vida y pueden ser poderosos motivadores. Piensa en cómo sería tu vida si toda la energía que gastas, por ejemplo, lamentándote airadamente por lo que otros te han hecho o soñando obsesivamente despierto con tu alma gemela desaparecida, estuviera disponible en el momento presente y se canalizara para disfrutar plenamente de lo que sea que estés haciendo ahora. ¿Qué pasaría si la fuerza de tus ganas de darte un atracón se convirtiera en una confianza y un enfoque que te ayudaran a conectar con la gente? Aunque cueste creerlo, estas transformaciones son posibles porque estas partes son mucho más que los papeles que se han visto obligadas a interpretar. Estos tres tipos de partes (exiliados, directivos y bomberos) existen debido a todo el dolor y la vergüenza que acumulaste en tu vida y a las formas en que te enseñaron a relacionarte con ese dolor y esa vergüenza. Como no aprendiste a curar ese dolor y esa vergüenza, tuviste que exiliarlos, lo que hizo que todos estos protectores fueran necesarios. Estos tres grupos están polarizados de tal manera que, cuando uno toma el control, intenta dominar tu experiencia por miedo a que, si te da acceso a otras partes, hagas o pienses algo peligroso. Cuando tu sistema interno funciona así, tu experiencia del mundo se empobrece. Por ejemplo, muchas personas dominadas por directivos viven vidas anodinas dedicadas a planificar su seguridad. Los secuestrados por los bomberos tienen la mente en constante agitación mientras pasan de una distracción a otra, sin bajar nunca el ritmo por miedo a que sus exiliados les alcancen. Aquellos cuyos exiliados han tomado el control se encuentran constantemente en estados agudos y aparentemente regresivos de miedo, tristeza o vergüenza. Cualquier persona dominada por un único grupo de partes exhibe rigidez y estrechez porque solo está presente una pequeña y extrema parte de ellas.

A medida que accedes a los recursos curativos innatos de tu Self y los utilizas, poco a poco descubres que ya no tienes directivos, exiliados ni bomberos. Tus partes no desaparecen, simplemente se transforman en los papeles que prefieren. A medida que esto sucede, te sientes más integrado y sólido, pero con una amplia gama de emociones y expresiones. Cuando la vida se vuelve tormentosa, percibes la profunda paz de tu Self que yace bajo las olas que surcan tus partes. Puedes ser el "yo" en el ojo del huracán y, desde ese lugar centrado, calmar a tus partes y a las personas que te rodean. Como tus partes ya no soportan cargas de miedo, vergüenza, rabia, desesperación, etc., se llevan bien entre ellas, confían en el liderazgo de tu Self y desempeñan papeles que disfrutan. Se convierten en tus aliadas y consejeras, y aportan diferentes perspectivas y pasiones a tu experiencia centrada en el presente. En ese estado, las cosas que solían desencadenar respuestas automáticas en ti pierden su carga, y puedes romper patrones de toda la vida relacionados con el trabajo, las relaciones íntimas, tu cuerpo y la creatividad, entre otras muchas cosas.

Por ejemplo, un paciente al que llamaré Brett estaba dominado por bomberos mujeriegos y presuntuosos que buscaban constantemente nuevas conquistas. Tenía un largo historial de encapricharse con una mujer, perder el interés poco después de seducirla con éxito y, a continuación, buscar una sustituta. Finalmente conoció a una mujer a la que quería de verdad, pero, a pesar de sus mejores intenciones, se encontró haciendo lo mismo con ella. Cuando le pregunté por su experiencia sexual, me dijo que en realidad no disfrutaba tanto del acto sexual. Era más como una liberación de tensión: la emoción estaba en la caza. Cuando hablamos con la parte encargada de este patrón, nos reveló que temía que, si no seguía encontrando mujeres nuevas, se sentiría inútil. Sufría el síndrome que Groucho Marx hizo famoso con su frase: "Nunca me uniría a un club que me aceptara como socio". Cuando una mujer le demostraba que le gustaba, Brett dejaba de respetarla en la creencia de que, si le gustaba, debía de haber algo malo en ella. Ya no aplacaba su inutilidad, así que su bombero tenía que buscarse a otra.

Después de descargar el peso de la inutilidad de uno de los exiliados de Brett, su bombero abandonó su papel de explorador y educador y empezó a ayudar a Brett a buscar aventuras en otros aspectos de su vida. Se aficionó a la fotografía y viajó a lugares interesantes con la mujer a la que quería. Refirió una mejora de su vida sexual porque el sexo ya no era un aspecto unidimensional y superficial de un patrón más amplio de autocalma. Ahora era una hermosa danza llena de emociones, desde el asombro inocente hasta la experimentación aventurera. Brett ya no necesitaba que su pareja lo adorara o que admirara su actuación. En lugar de eso, disfrutaba de las muchas partes diferentes de ella que aparecían durante el acto sexual, y podía centrar su atención en complacerla y en encontrar juntos el placer mutuo.

Como puedes estar suponiendo, el proceso IFS consiste en cambiar la política interna de las personas. A causa de haber crecido en una cultura y una familia dominadas por ciertas cualidades y exiliadas de otras, tu mente refleja esa disposición jerárquica. Leer este libro es una actividad subversiva. Su objetivo es ayudarte a sustituir tu autoritario gobierno interior por una forma de pluralismo en la que cada parte se sienta apreciada, sea libre de hacer lo que prefiera y confíe en el liderazgo no coercitivo y centrado en el corazón de tu Self.

CAPÍTULO V

IFS COMO MODELO TERAPÉUTICO

Cada vez más profesionales de la salud mental de todo el mundo emplean el modelo IFS. Este capítulo está diseñado para darte una visión general de cómo se utiliza en un entorno terapéutico y lo que podrías experimentar como paciente de un terapeuta IFS.

Si eres como la mayoría de la gente, al principio te mostrarás reticente cuando tu terapeuta de IFS te pregunte si quieres centrarte en tu interior porque no te resulta familiar y porque puede que te dé miedo lo que vayas a encontrarte ahí dentro. Tu terapeuta respetará esa reticencia y te ayudará a explorarla. En el modelo IFS, no presionamos a los pacientes para que vayan más lejos o más rápido de lo que consideran seguro. En lugar de eso, indagamos sobre esa preocupación por acceder al interior y comentamos cómo se podrían gestionar esas preocupaciones. A lo largo de los años, hemos aprendido formas específicas de trabajar que hacen que ese viaje al interior —incluso a lugares muy emocionales— sea bastante seguro, sin que el paciente se sienta abrumado. Durante todo el proceso, nuestra prioridad es tu seguridad, y confiamos en tus comentarios para que nos ayudes a saber si hay algo que no te parece seguro.

Cuando empiezas, no sabes hasta qué punto es seguro el proceso, y tienes todo el derecho a pedirle a tu terapeuta que te explique exactamente cómo se abordarán tus preocupaciones antes de dejar que te guíe en un viaje hacia tu interior. También tienes todo el derecho a no entrar si no te satisfacen las garantías del terapeuta o si no te parece el momento adecuado para hacerlo. En otras palabras, tú tienes el control de lo que ocurre en la terapia. Si te sientes presionado o percibes cualquier otro problema con tu terapeuta, no dudes en decírselo. Los terapeutas IFS estamos formados para escuchar atentamente tus comentarios y nos los tomamos en serio. Sabemos que no siempre somos tan sensibles o conscientes como nos gustaría, y valoramos tus percepciones, que nos ayudan a sintonizar aún más con tus necesidades individuales.

También es posible que se te erice la piel cuando el terapeuta te pregunte por tus distintas "partes". Algunas personas no tienen problemas con ese lenguaje porque ya lo hablan. Es habitual decir: "Una parte de mí está furiosa con mi pareja, pero otra piensa que estoy equivocado", o "A una parte de mí le encanta escribir, pero otra tiene miedo de que la gente se ría de lo que escribo", o "Una parte de mí está contenta de estar aquí, pero otra querría seguir en la cama". Hablar en términos de partes es una forma natural de expresar las diferentes cosas que estamos pensando o sintiendo. Uno de los motivos por los que tu terapeuta IFS te pide que te concentres en tu interior es ayudarte a reconocer que en tus partes hay mucho más de lo que pensabas. Otra razón es que el acto de escuchar a tus partes las ayuda a relajarse.

Por el contrario, si hablar en términos de partes no te gusta, díselo a tu terapeuta, que utilizará el término que tú prefieras. Algunas personas prefieren quedarse con palabras de uso común, como *pensamientos y emociones;* otras prefieren hablar de *aspectos* de sí mismas. El término no importa y, como ya he dicho, tú tienes el control.

Si aceptas entrar, el terapeuta te preguntará qué parte quieres explorar primero. Tras años de experiencia, hemos descubierto que es más seguro empezar por unas partes que por otras. Esto se debe a que los sistemas internos humanos se organizan en partes que nos protegen y otras que son vulnerables y necesitan que las protejan. Cuando te planteas centrarte en una parte vulnerable, puedes experimentar pensamientos que te digan que no lo hagas, que te pregunten si puedes confiar en el terapeuta o en el proceso, o que intenten distraerte de ese enfoque. Estos pensamientos, que proceden de las partes protectoras, son habituales y naturales. El trabajo de tus protectores es tener cuidado y no dejar que nadie acceda a tu sistema hasta que confíen en que es seguro hacerlo. Los terapeutas IFS pueden animarte a escuchar a esos protectores haciendo que te concentres en esos pensamientos antes de acercarte a cualquier parte vulnerable. Tu terapeuta te pedirá que escuches en tu interior los miedos de tus protectores y que luego le cuentes cuáles son esos miedos. Algunos de los más comunes consisten en que el terapeuta te juzgue, en que te abrumen las partes vulnerables, en no hacerlo bien o en no ser capaz de cambiar nada (por lo que no merece la pena ni intentarlo). Tu terapeuta IFS está entrenado para abordar estos miedos contigo para tranquilizar a tus protectores sobre cómo puedes proceder con seguridad. A continuación, preguntará a tus protectores si están satisfechos y verá si le dan permiso para ponerse en contacto con una parte vulnerable.

Los pasajes anteriores suenan como si tu terapeuta te hiciera hablar contigo mismo, y en cierto modo así es. ¿Alguna vez te has puesto triste sin saber por qué, pero si esperas un momento lo averiguas? Así es como funciona el proceso IFS. Cuando un paciente hace este trabajo, se centra en un pensamiento o sentimiento, le hace una pregunta y espera pacientemente a que la respuesta venga de su interior, en lugar de intentar adivinar o imaginar lo que diría esa parte. Esto puede parecer extraño, y puede que pienses que no serás capaz de hacerlo, pero nuestra experiencia indica que, una vez que las personas superan la extrañeza inicial, se sorprenden de su capacidad para mantener diálogos interiores significativos.

Al concentrarse en su interior, algunas personas inician una especie de proceso imaginativo en el que pueden "ver" sus partes. Muchas otras, sin embargo, solo oyen una voz vaga o tienen una sensación borrosa de la presencia de una parte. Las personas tienen problemas en la terapia IFS cuando las partes protectoras que están acostumbradas a estar al mando no les permiten escuchar o confiar en la validez de las voces, imágenes o impresiones que les llegan. Si ese es el caso, tu terapeuta puede ayudarte a preguntar al protector sobre su miedo a abrir la puerta a otras partes. Si no surge ningún miedo y la cortina sigue echada, tu terapeuta y tú podéis hacer otra cosa durante un tiempo y quizás volver a intentarlo más adelante. A veces las partes protectoras necesitan más tiempo antes de dejarte entrar. Respetamos su ritmo.

Una vez que te centres en una parte y la encuentres (las personas suelen percibir dónde parece estar situada en su cuerpo y la utilizan como punto focal), el terapeuta te preguntará cómo te sientes con respecto a ella. Como tu familia y tu cultura valoraban algunas de tus partes y temían o sentían aversión hacia otras, es probable que tu mundo interior lo refleje. Por ejemplo, muchas personas crecieron en familias en las que la expresión directa de la ira estaba prohibida, por lo que tuvieron que reprimir la parte asertiva que quería hablar de las injusticias en la familia o defenderse. Otras partes adoptaron las creencias de su familia sobre la ira, por lo que cada vez que empezaban a tener pensamientos de ira, se criticaban inmediatamente por tenerlos o se distraían. Este ejemplo representa lo que el modelo IFS denomina *polarización interna entre dos partes*. Si empezaras a centrarte en tu parte enfadada, y tu terapeuta te preguntara qué sientes hacia ella, probablemente dirías que la temes o la odias. Cuando temes u odias una parte, es difícil mantener un diálogo productivo con ella. Por eso, cuando el terapeuta te oyera decir eso, te pediría que preguntaras a las partes que te hacían temer u odiar a la parte enfadada (o sentir cualquier otra emoción extrema hacia ella) si estarían dispuestas a "dar un paso atrás", es decir, a separar sus sentimientos de los tuyos durante un rato para que pudieras conocer mejor a la parte enfadada.

Para concretarlo más, imagina que eres el líder de un grupo de personas que tienen muchos conflictos entre sí y tu terapeuta intenta ayudarte a calmarlas. Cada vez que empiezas a hablar con una persona, otra piensa que te vas a poner de parte de la primera o que le vas a dar más poder. Así que la segunda persona intenta influir en ti para que no te guste la primera y te alejes de ella. Con esta lucha por conseguir tu favor no llegarás muy lejos. En cambio, si puedes hablar con cada persona individualmente sin interferencias de las demás, podrás formar una alianza de confianza con cada parte, lo que facilitará futuras negociaciones. Por eso, el terapeuta pedirá con frecuencia a una parte que se aparte para que puedas hablar con otra.

Sin embargo, puede que no te parezca nada seguro acercarte a algunas partes o que solo te atrevas a hacerlo con el blindaje de las partes protectoras. Es probable que quieras deshacerte de algunas partes o, al menos, mantenerlas encerradas. Por ejemplo, la mayoría de la gente no considera productivo acercarse a su desesperación, a su brutal juez interior, a su terror, a su rabia, etcétera. No tiene sentido acercarse a estas partes si siguen siendo como son. Sin embargo, uno de los grandes descubrimientos del modelo IFS es que, a medida que uno va conociendo esas partes y aprendiendo por qué son como son —es decir, a medida que uno es testigo de sus historias del pasado sobre cómo se vieron forzadas a desempeñar los papeles que desempeñan—, van cambiando. Resulta que no hay partes intrínsecamente malas, solo partes buenas en papeles malos, partes buenas que cargan con creencias o emociones extremas acerca de cosas que sucedieron en el pasado. Si te centras en ellas desde una perspectiva curiosa, abierta o desprovista de crítica, acaban transformándose en algo valioso. Esto puede parecer difícil de creer, y sin duda va en contra de la forma en que la psicología occidental nos ha dicho que nos relacionemos con estas partes, pero se confirma todos los días en las consultas de los terapeutas IFS en todo el mundo.

Si una parte da un paso atrás cuando se lo pidas, sentirás un cambio inmediato en la conducta, la emoción y la perspectiva. En ese momento, es probable que el terapeuta vuelva a preguntarte cómo te sientes con respecto a la parte original. Puede que notes que ahora ha cambiado a un estado extremo diferente. Ahondando en el ejemplo de la ira, supongamos que primero odiabas y querías deshacerte de tu parte enfadada y, cuando ese odio retrocedió, de repente sientes miedo de la ira. Si esto ocurre, el terapeuta le pedirá al miedo que retroceda también y continuará pidiéndole a las partes que retrocedan hasta que empieces a sentir algo de lo siguiente hacia la parte original (enfadada): curiosidad, compasión, confianza o calma. El terapeuta no te pedirá que conjures uno de esos sentimientos, y no tienes que intentarlo; simplemente seguirá pidiendo a las partes que retrocedan hasta que hables espontáneamente de ese estado.

Ese surgimiento espontáneo de valiosas cualidades de liderazgo a medida que las partes se separan está relacionado con otro descubrimiento significativo del modelo IFS: que todos tenemos ese tipo de cualidades dentro de nosotros. Tus partes cargan con todas las creencias y emociones irracionales y malsanas que has absorbido a lo largo de tu vida de tu familia, de experiencias traumáticas y de tu cultura. El modelo IFS llama *cargas* a esas creencias y emociones. A medida que tus partes se separen de la parte de ti que queda, empezarás a experimentar y exhibir esas valiosas cualidades de liderazgo (curiosidad, compasión, etc.), entre otras, porque eso es lo que realmente eres. Cuando tus partes confíen en que es seguro separarse de ti, gradualmente experimentarás más y más cualidades de tu Self. En ese estado del Self, descubrirás que las conversaciones con tus partes van bien y que tienes un sentido intuitivo de cómo escucharlas y ayudarlas. En este punto, el trabajo principal de tu terapeuta es ayudarte a permanecer en ese estado del Self, observando cuándo te sales de él, atrapando a las diferentes partes cuando intentan interferir y pidiéndoles que confíen en ti y den un paso atrás.

Este proceso parece bastante fácil, y se desarrolla sin problemas cuando tus piezas confían mucho en tu Self. Sin embargo, muchos pacientes descubren que cuando piden a las partes que den un paso atrás, estas no lo hacen. Es probable que tú también lo notes, al menos al principio o cuando trates con partes particularmente polarizadas. Una parte que no da un paso atrás suele sentir una gran responsabilidad por tu bienestar y teme que, si no se queda, ocurra algo terrible. Otras partes temen que, si renuncian a cualquier tipo de control, serán encerradas o eliminadas, o tienen miedo de que la parte con la que quieres trabajar se haga con el control. Hay muchas razones diferentes por las que las partes son reacias a ceder el liderazgo a tu Self. Si no dan un paso atrás, tu terapeuta está entrenado para no forzarlas. En su lugar, es probable que te pida que preguntes a esas partes por qué tienen miedo de separarse. A menudo tienen buenas razones, que deben ser abordadas por el terapeuta hasta que esas partes tengan claro que la consecuencia temida no sucederá o que puede ser gestionada de una manera segura.

En el modelo IFS, nunca hay necesidad de presionar o suplicar a las partes que cambien. En lugar de eso, intentamos escucharlas, tranquilizarlas y pedirles permiso. Respetamos mucho a los guardianes de tu mundo interior. Hacen todo lo posible por mantenerte a salvo, aunque a veces sus intentos parezcan innecesariamente asfixiantes o destructivos. Tienen todo el derecho a mantener cerrada la puerta que conecta con un territorio vulnerable dentro de ti, y nosotros no entraremos en ese territorio sin su permiso. A veces, los miedos de tus partes son anacrónicos. Puede que estén ancladas en el pasado, cuando necesitaban protegerte de la forma en que lo hacen, y no saben lo mucho que tanto tu situación como tú habéis cambiado. A veces solo necesitan que las pongas al día al respecto. Otras veces, sus temores son bastante legítimos; quizá son preocupaciones o consecuencias en las que ni tu terapeuta ni tú habíais pensado. Por ejemplo, si te acercas a tu enfado, puede que decidas romper tu matrimonio, cortar la relación con tus padres o dejar tu trabajo. Y también podrías entrar en contacto con el dolor que protege tu ira y sentirte abrumado por él. Tu terapeuta y tú podéis abordar con vuestras partes hasta qué punto es válido cada miedo y, si parece una preocupación razonable, cómo se gestionará.

Afortunadamente, tras décadas explorando los miedos de las partes protectoras, hemos desarrollado formas de manejar los más comunes, como sentirse abrumado. Pero a menudo hay miedos que son exclusivos de tu situación, y tu terapeuta colaborará contigo para explorar soluciones. A veces, tu terapeuta y tú podéis estar de acuerdo en que el miedo de una parte protectora es válido y no se puede hacer nada al respecto por el momento, así que decidís dejar cerrada la puerta a un área de vuestro trabajo interior por el momento.

Por lo tanto, el trabajo IFS puede ser bastante tortuoso. Empiezas dirigiéndote hacia una parte, te atascas, te vuelves hacia la parte que se resiste y trabajas con ella, y terminas en un lugar totalmente diferente al que esperabas. Los terapeutas IFS confían en que su sistema interno tiene su propio ritmo y sabiduría sobre lo que debe ocurrir. Dejamos que tu sistema se desarrolle a su propio ritmo y solo lo redirigimos cuando nos parece que una parte nos está llevando a una búsqueda inútil o está intentando distraernos. Incluso entonces, simplemente pedimos a la parte que sea directa acerca de su miedo en lugar de tratar de proteger de manera indirecta. También te animamos continuamente —a tu Self— a que marques el camino.

A veces, cuando un paciente accede a su interior por primera vez, esto perturba a las partes protectoras más de lo que esperaba en un principio cuando dio su permiso. Cuando esto ocurre, es posible que tengas pensamientos que te digan que no vuelvas a ver al terapeuta o, si vuelves, que no dejes que te lleve dentro de nuevo. También puedes tener sueños perturbadores o misteriosas oleadas de emociones durante la semana. Esto no solo ocurre la primera vez que entras, sino que puede ocurrir varias veces durante el tratamiento a medida que avanzas en tu viaje interior. En parte, se trata de una reacción esperada y natural cada vez que se altera la ecología interior de una persona. Pero también puede significar que el terapeuta ha ido demasiado rápido o demasiado lejos. Pedimos a los pacientes que hablen con su terapeuta sobre estas reacciones para que puedan ser exploradas y evaluadas. Los terapeutas IFS deben ser muy sensibles a tus reacciones y ajustar su enfoque en consecuencia. Además, si tu terapeuta no parece estar totalmente presente contigo o si percibes una parte de tu terapeuta que te molesta, tienes que decírselo. Tu terapeuta sabe que te está animando a acceder a un terreno delicado y sagrado, y quiere que confíes en que está plenamente contigo a medida que avanzas. Agradece tus percepciones al respecto y se las tomará en serio; escuchará en su interior para ver si detecta alguna parte y te comunicará el resultado de esa búsqueda.

Así pues, el proceso IFS es colaborativo. Tu Self y el Self de tu terapeuta emprenden juntos un viaje de sanación dentro de tu sistema de partes. Tú eres el experto en lo que respecta a tu experiencia —lo que encuentras en tu viaje—, y el terapeuta es el experto en ayudarte a mantener el liderazgo del Self durante el viaje. Al principio, es posible que el terapeuta dirija las cosas hasta cierto punto, pero poco a poco tú tenderás de forma natural a tomar la iniciativa, una tendencia que el terapeuta respetará y fomentará.

Volviendo una vez más al ejemplo de la ira, supongamos que, tras algunas negociaciones, las partes que custodian tu sistema te han dado permiso para que empieces a conocer tu ira. ¿Qué querrás saber de ella? Si es cierto que se trata de una parte buena atrapada en un papel malo (la "enfadada"), lo lógico es que quieras saber qué la mantiene en ese papel. Si le haces a una parte una pregunta así desde el corazón, es probable que oigas hablar de otras partes con las que está polarizada o a las que está protegiendo. Tu parte enfadada puede decir que tiene miedo de que, si no sigue enfadada, te hagan daño. Siguiendo esa línea de interrogatorio, descubrirás que tu parte enfadada está protegiendo a una parte vulnerable a la que le hacen daño con facilidad. Así, en tu viaje hasta ahora, te encuentras primero con protectores que intentan mantener todo bajo control en tu vida y tienen miedo de tu enfado. Te dan permiso para hablar con una parte enfadada que también resulta ser protectora de una parte vulnerable. A continuación, es probable que tu terapeuta te indique que le pidas permiso a la parte enfadada para trabajar con la vulnerable.

Esta secuencia es habitual en el trabajo con el modelo IFS. Primero te ayudamos a conocer y apreciar las partes que protegen tu sistema. Como están en guardia todo el tiempo, normalmente no estarán listas para que las curen hasta que tu sistema sea menos vulnerable. Así que pedimos permiso para dirigirnos a las vulnerables y curarlas primero. Una vez que son menos vulnerables, las partes protectoras se relajan un poco y se someten al proceso de curación. Con muchos pacientes, ese ciclo —obtener permiso de las partes protectoras para sanar las partes vulnerables y luego volver a las protectoras— se repite muchas veces, porque la mayoría de las personas tienen muchas subagrupaciones de sistemas protectores/vulnerables. La personalidad se ha comparado a menudo con una cebolla con muchas capas que rodean una cuestión central de suma importancia. El modelo IFS concibe la personalidad más bien como una cabeza de ajo con muchos dientes diferentes (cada uno de los cuales contiene algunas partes protectoras y una o dos partes vulnerables) con los que debe trabajarse de forma independiente. A medida que cada uno de esos dientes cambia, es probable que experimentes un poco más de Self y un cambio en el tema en torno al cual giraban esas partes (en este caso, la ira y la vulnerabilidad). Algunas personas experimentan cambios drásticos en sí mismas después de haber sanado un diente de ajo en particular, pero lo más frecuente es que los pacientes perciban aumentos graduales de confianza, bienestar, claridad y calma.

SER UN TESTIGO COMPASIVO

¿Qué entendemos por «curar una parte»? ¿Qué necesitan las partes para sanar? A lo largo de muchos años de trabajo con el modelo IFS, hemos descubierto que, por lo general, lo único que necesitan las partes para liberarse de sus cargas —es decir, para descargar las creencias y emociones extremas que las mantienen encerradas en roles rígidos— es que tú creas que comprendes plenamente lo que ocurrió en el pasado cuando adquirieron sus cargas. En otras palabras, necesitan que seas un testigo compasivo de una parte de tu propia historia.

¿Qué implica ser testigo? Después de que hayas conocido a una parte vulnerable y establecido una relación de confianza con ella, el terapeuta te dirá algo así: "Pide a esa parte que te muestre lo que quiere que sepas sobre el pasado". En ese momento, puede que empieces a "ver" escenas o imágenes, como si estuvieras viendo una película de ti mismo a una edad más temprana. O puede que experimentes emociones o sensaciones sin que haya nada visual. La parte vulnerable ha empezado a contar su historia de la forma que le parece más segura. Tu terapeuta hará que te concentres en esa historia hasta que la parte crea que entiendes lo que pasó y aprecias lo malo que fue.

Después de que la parte se sienta totalmente presenciada, el terapeuta a veces te pedirá que entres en la escena y saques de ella a esa parte (a menudo tú de niño). Sin embargo, a veces el paso de recuperar una parte del pasado no es necesario.

A continuación, el terapeuta le preguntará a la parte si está preparada para descargar las creencias o emociones que adquirió de esas experiencias dolorosas. Resulta difícil de creer que desahogarse pueda ser así de sencillo, que cosas que te han atormentado toda la vida puedan desaparecer con solo mirar de dónde las has sacado. En muchos casos, es así de sencillo. Pero que sea sencillo no significa que sea fácil. Como hemos comentado antes, es posible que tengas muchas razones para que te dé miedo revisitar ciertos acontecimientos de tu pasado o abrir tu corazón a partes congeladas en el tiempo durante esos acontecimientos. Aunque la experiencia de ser testigo rara vez es tan angustiosa como tus protectores imaginan, a menudo es emocional y desagradable. La buena noticia es que suele terminar rápidamente, y la mayoría de las partes se sienten mejor inmediatamente después. Una vez que una parte vulnerable ha liberado su carga de esta manera, las partes que la protegían o la mantenían encerrada a menudo se relajan y se interesan más por curarse ellas mismas.

Hay otros pasos para curar una parte, pero ser testigos es con diferencia el más difícil, y a menudo hacen falta muchas sesiones antes de que tus partes protectoras te permitan llegar hasta ahí. No te frustres si tardas. Es un proceso que necesita su tiempo e, irónicamente, la parte de ti que quiere apresurarse lo ralentiza todo porque hace que otras partes se atrincheren. Si tienes una parte que te presiona, díselo al terapeuta para que podáis ayudarla a relajarse.

Durante el tiempo en que te acercas a una parte vulnerable, puede que experimentes un aumento del comportamiento impulsivo. Por ejemplo, quizás sientas un fuerte impulso de darte un atracón de comida, alcohol, drogas, sexo o trabajo. O puede que tengas tendencias suicidas o que te enfurezcas. Puede que también notes un aumento de los síntomas físicos, como dolores de cabeza u otros dolores o enfermedades. Todas son reacciones comunes y predecibles de las partes protectoras cuando te acercas a un territorio en el que les aterroriza dejarte entrar. Tu terapeuta debe tomarse en serio estas reacciones y pedirte que hables con las partes que te causan esos impulsos o síntomas para ver qué tipo de consuelo necesitan. A menudo, lo único que necesitan es que tu terapeuta y tú volváis a repasar lo que estás haciendo y los motivos por los que lo haces y evaluar si tu terapeuta podría juzgarte o no ser de fiar. Por el contrario, si esas partes impulsivas necesitan más estructura para contenerlas, tu terapeuta y tú podéis pensar en las alternativas que sean necesarias, entre las que se encuentran la hospitalización o la medicación. Pero, a menudo, todo lo que se necesita es más tranquilidad y negociación.

EL TRABAJO A LO LARGO DEL PROCESO

Después de que una parte vulnerable se haya desahogado, puede que te sientas protector y no quieras volver a entrar durante un tiempo. También puedes sentirte más distante de tu terapeuta e incluso pensar en dejar el tratamiento. Puede que estés más irritable o más retraído en casa o en la oficina. Es una buena práctica advertir a las personas con las que vives o trabajas que, mientras realizas este trabajo interior, habrá momentos en los que no serás tú mismo. Todo esto también son reacciones predecibles al conectar con partes vulnerables previamente exiliadas. Una vez que una parte se ha curado, a menudo hay una necesidad de reorganizarse internamente, y tus protectores pueden sentirse desconcertados por ello. Si no puedes encontrar un colchón —un periodo de calma después de una sesión de este tipo—, es posible que el desahogo no se mantenga y tengas que volver a curar esa parte. Por esta razón, los pacientes suelen programar las sesiones en momentos en los que no necesitan volver al trabajo inmediatamente y pueden estar tranquilos durante un tiempo.

Algunos pacientes no recuerdan todo lo que sucedió en las sesiones, por lo que es recomendable llevar un dispositivo de grabación y escuchar las sesiones grabadas durante la semana. Además, los pacientes descubren que llevar un diario les ayuda a recordar y a seguir el proceso. Escriben lo que ocurrió durante la sesión y lo que hacen o aprenden sobre sus partes durante la semana. Algunos trabajan mucho con sus partes entre sesiones, un proceso que acelera la terapia. Otros descubren que sus partes solo les permiten adentrarse en ellas en presencia del terapeuta. No supone un problema, solo hace que el proceso se prolongue un poco más.

Como ya he comentado, el sistema de cada persona es distinto: diferentes niveles de miedo, diferentes ritmos y diferentes cantidades de cargas. Naturalmente, las personas con una gran cantidad de abusos o traumas en sus antecedentes tardan más. Muchas personas se desaniman en un momento u otro del viaje porque parece que el número de partes que necesitan sanar es interminable. A veces puede parecer así, pero recuerda que la cantidad de dolor que albergas no es infinita, así que llegará un momento en que te sentirás mucho mejor. Otra experiencia desalentadora común se produce cuando, después de haber realizado una gran cantidad de trabajo, reaccionas a algo en el mundo exterior de la misma manera de siempre. Creías que ya casi habías terminado, pero es como si volvieras al principio. Aunque lo parezca, no es así. Hasta que no hayas sanado todas tus partes vulnerables, tendrás algunos protectores que harán lo que siempre hacen. Es importante que tu terapeuta te ayude a mantener la perspectiva de lo mucho que ha cambiado, aunque algunas cosas no lo hayan hecho. El proceso de cambio suele ser una montaña rusa, y ayuda tener un terapeuta que no esté en la montaña rusa contigo y que, por cambiar de metáfora, pueda ser el "yo" firme en el ojo de tu huracán.

No hay forma de predecir de antemano cuánto durará tu proceso de curación, pero eres libre de decidir en cualquier momento cambiar la frecuencia de las sesiones o tomarte un descanso. Es probable que tu terapeuta te ayude a comprobar qué partes intervienen en ese tipo de decisiones, pero en última instancia respetará tus elecciones.

También hay diferencias en la forma en que las personas experimentan el proceso. Algunos temen acudir a terapia y a menudo se sienten como si se estuvieran forzando a continuar, como si les estuvieran sacando una muela sin anestesia. Otros se sienten fascinados y estimulados por todo el proceso. Si eres como la mayoría de la gente, habrá momentos en los que estés fascinado y otros en los que sientas pavor. Si tu terapeuta te ayuda a perseverar, acabarás el proceso sintiéndote orgulloso de lo que has conseguido y contento por lo bien que te sientes.

RESUMEN DEL MODELO IFS

I. PARTES

- Subpersonalidades o aspectos de nuestra personalidad que interactúan internamente en secuencias y estilos similares a las formas en que las personas interactúan entre sí.

- Todas las partes son valiosas y quieren desempeñar un papel positivo. Nacemos con ellas o con su potencial; la naturaleza de la mente es subdividirse. Es bueno ser múltiple.

- Algunas partes se vuelven extremas y pueden ser destructivas debido a las experiencias vividas.

II. EL SELF

- La sede de la conciencia: un nivel de entidad distinto al de las partes. A diferencia de las partes, el Self es invisible porque es el "tú" que observa.

- El Self contiene cualidades como la compasión, la confianza, la curiosidad y la perspectiva, cualidades de un buen liderazgo. Todo el mundo tiene ese Self, pero puede verse oscurecido por los extremos de las partes.

III. OBJETIVOS BÁSICOS DEL MODELO

- Liberar a las partes de sus funciones extremas. A través del proceso de descarga, las partes se vuelven menos constreñidas y pasan a desempeñar funciones beneficiosas y menos rígidas en el sistema.

- Restablecer la confianza en el liderazgo del Self. Como líder natural, la energía del Self respeta la aportación de las partes, que a su vez respetan al Self para liderar y sanar eficazmente el sistema interna y externamente.

- Lograr el equilibrio, la armonía y la plenitud. Internamente: diferenciar el sistema interno de partes, liberar la energía del Self y ayudar a las partes a llevarse bien y a trabajar juntas con menos conflictos. Externamente: ayudar a las partes a expresarse y a relacionarse de forma más armoniosa con el mundo exterior.

- Aportar más energía propia a los sistemas externos. A medida que un individuo se cura, su energía del Self puede ser curativa para los demás y para el mundo.

IV. SUPUESTOS

- A medida que nos desarrollamos, nuestras partes forman un complejo sistema de interacción con polarizaciones y alianzas. La teoría de sistemas y la tecnología pueden aplicarse al sistema interno. Cuando el sistema se reorganiza, las partes pueden cambiar rápidamente.

- Los cambios en el sistema interno afectarán a los cambios en el sistema externo y viceversa. Uno puede trabajar con cualquiera de los dos para cambiar el otro.

V. MODELO DE TRES GRUPOS DE PAPELES COMUNES DE LAS PARTES

- *Exiliados:* partes jóvenes y vulnerables que han sufrido traumas y están aisladas del resto del sistema para su propia protección y la del sistema. Los exiliados cargan con los recuerdos, las sensaciones y las emociones de los acontecimientos y están atrapados en el pasado.

- *Directivos:* partes que dirigen el día a día de la persona. Estas partes intentan mantener a los exiliados aislados para tener el control de los acontecimientos o las relaciones siendo perfectos y agradables, cuidando, asustando a la persona para que no se arriesgue con críticas, apatía, preocupación, etc.

- *Bomberos:* partes que reaccionan cuando se activan los exiliados en un esfuerzo por extinguir sus sentimientos o disociar a la persona de ellos. Entre las actividades habituales de los bomberos, se encuentran el consumo de drogas o alcohol, la automutilación (cortarse), los atracones de comida, el sexo compulsivo, las ideas suicidas y la rabia. Los bomberos tienen los mismos objetivos que los directivos (mantener alejados a los exiliados), pero emplean estrategias diferentes, más impulsivas.

VI. UTILIZACIÓN DEL MODELO

- Evaluar el sistema externo para garantizar que es seguro para realizar el trabajo.

- Introducir el lenguaje; preguntar sobre la relación con las diferentes partes; preguntar sobre lo que a la persona le gustaría cambiar.

- Trabajar primero con los directivos; hablar de sus temores y de cómo abordarlos; establecer relaciones de colaboración con ellos; respetar su ritmo.

- Preguntar y desactivar a los bomberos peligrosos.

- Con el permiso de los directivos, empezar a trabajar con los exiliados. Realizar recuperaciones y descargas según proceda.

- Después de cada recuperación, preguntar cómo van todas las partes.

- Evitar en todo momento que las partes del terapeuta interfieran y aceptar los comentarios del paciente sobre la detección de partes.

El sistema interno

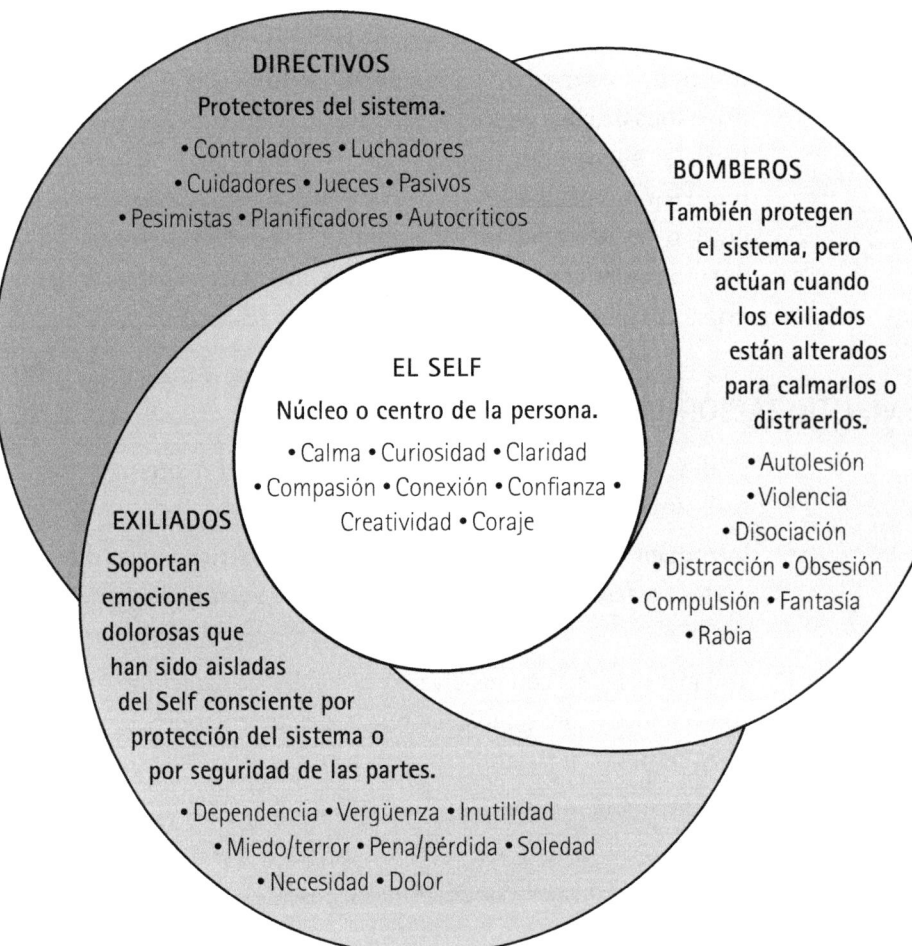

Texto adaptado de Internal Family Systems, de Richard C. Schwartz. Gráficos de Janet R. Mullen, LCW.

APÉNDICE B

GLOSARIO IFS

Armonía. Estado en el que los miembros de un sistema humano se relacionan en colaboración, con una comunicación eficaz, atención mutua y un sentimiento de conexión.

Bomberos. Partes que actúan después de la activación de los exiliados para calmarlos o distraer el sistema de ellos (disociación).

Cargas. Ideas o sentimientos extremos que llevan las partes y que rigen sus vidas. Las partes reciben las cargas tras la exposición a una persona o acontecimiento externo.

Desequilibrio. Estado en el que un miembro (o un grupo) tiene más o menos acceso a responsabilidades, influencia y recursos.

Directivos. Partes que intentan gestionar un sistema de forma que se minimice la activación de los exiliados.

Entorno restrictivo. Un entorno de sistemas humanos caracterizado por el desequilibrio, la polarización y el liderazgo problemático. Los entornos restrictivos imponen cargas a los sistemas que los componen.

Entorno sostenible. Entorno de sistemas humanos caracterizado por el equilibrio, la armonía y un liderazgo eficaz.

Equilibrio. Estado en el que los miembros de un sistema humano tienen acceso equitativo a las responsabilidades, recursos e influencia que necesitan.

Exiliados. Partes que han sido secuestradas dentro de un sistema para su propia protección o para la protección del sistema frente a ellas.

Liderazgo del Self. Liderazgo caracterizado por la compasión, la calma, la claridad, la curiosidad, la confianza, el coraje, la creatividad y la conexión.

Liderazgo problemático. Estado en el que los líderes de un sistema han abdicado, son parciales, están polarizados entre sí o han sido desacreditados.

Mezcla. Cuando los sentimientos y creencias de una parte se fusionan con otra parte o con el Self.

Paradigma de la multiplicidad. Reconocimiento de que la mente humana no es unitaria, sino que se subdivide de forma natural en una multitud de subpersonalidades.

Partes. Término utilizado en los sistemas de la familia interna para referirse a las subpersonalidades de una persona. Las partes se conceptualizan mejor como personas internas de diferentes edades, talentos y temperamentos.

Polarización. Estado en el que dos miembros (o dos grupos) de un sistema se relacionan en oposición o en competencia entre sí, hasta el punto de que el acceso de cada parte al Self se ve limitado por el temor a que la otra gane o se haga con el poder.

Self. El núcleo de una persona, que contiene cualidades de liderazgo como la compasión, la perspectiva, la curiosidad y la confianza. El Self está mejor equipado para liderar la familia interna.

APÉNDICE C
SELECCIÓN DE LECTURAS
SOBRE EL MODELO IFS

Anderson, Frank G. *Transcending Trauma: Healing Complex PTSD with Internal Family Systems.* Eau Claire, WI: PESI Publishing, 2021.

Anderson, Frank G., Martha Sweezy, and Richard C. Schwartz. *Internal Family Systems Skills Training Manual: Trauma-Informed Treatment for Anxiety, Depression, PTSD, and Substance Abuse.* Eau Claire, WI: PESI Publishing, 2017.

Goulding, Regina A., and Richard C. Schwartz. *The Mosaic Mind: Empowering the Tormented Selves of Child Abuse Survivors.* Oak Park, IL: Trailheads Publications, 1995.

Herbine-Blank, Toni, Donna M. Kerpelman, and Martha Sweezy. *Intimacy from the Inside Out: Courage and Compassion in Couple Therapy.* New York: Routledge, 2015.

Herbine-Blank, Toni, and Martha Sweezy. *Internal Family Systems Couples Therapy Skills Manual: Healing Relationships with Intimacy from the Inside Out.* Eau Claire, WI: PESI Publishing, 2021.

McConnell, Susan. *Somatic Internal Family Systems Therapy: Awareness, Breath, Resonance, Movement, and Touch in Practice.* Berkeley, CA: North Atlantic Books, 2020.

Schwartz, Richard C. *No Bad Parts: Healing Trauma and Restoring Wholeness with the Internal Family Systems Model.* Boulder, CO: Sounds True, 2021.

Schwartz, Richard C. *You Are the One You've Been Waiting For: Applying Internal Family Systems to Intimate Relationships.* Boulder, CO: Sounds True, 2023.

Schwartz, Richard C., and Robert R. Falconer. *Many Minds, One Self: Evidence for a Radical Shift in Paradigm.* Oak Park, IL: Trailheads Publishing, 2017.

Schwartz, Richard C., and Martha Sweezy. *Internal Family Systems Therapy.* 2nd ed. New York: Guildford Press, 2019.

Sweezy, Martha, and Ellen L. Ziskind. *Internal Family Systems Therapy: New Dimensions.* New York: Routledge, 2013.

Sweezy, Martha, and Ellen L. Ziskind. *Innovations and Elaborations in Internal Family Systems Therapy.* New York: Routledge, 2017.

NOTAS

CAPÍTULO I. EL MODELO DE LOS SISTEMAS DE LA FAMILIA INTERNA

1. Rainer Maria Rilke, *Letters to a Young Poet*, trad. Stephen Mitchell (New York: Vintage Books, 1984). Obra original publicada en 1929.

CAPÍTULO II. EL SELF

1. M. Basil Pennington, *Thomas Merton My Brother: His Journey to Freedom, Compassion, and Final Integration* (New York: New City Press, 1996), 119.

2. Thomas Keating, *Open Heart, Open Mind: The Contemplative Dimension of the Gospel* (New York: Continuum, 1994), 127.

3. Margery Williams, *The Velveteen Rabbit* (New York: HarperCollins, 2004), 48.

4. Thich Nhat Hanh, *Peace Is Every Step: The Path of Mindfulness in Everyday Life* (New York: Bantam Books, 1992), 123–24.

5. Martin Luther King Jr., *A Gift of Love: Sermons from Strength to Love and Other Preachings* (Boston: Beacon Press, 2012).

6. Martin Luther King Jr., *"Loving Your Enemies, Sermon Delivered at the Detroit Council of Churches' Noon Lenten Services,"* en *The Papers of Martin Luther King, Jr. Vol. VII: To Save the Soul of America, January 1961–August 1962*, eds. Clayborne Carson and Tenisha Armstrong (Oakland: University of California Press, 2014).

7. Tony Schwartz, *What Really Matters: Searching for Wisdom in America* (New York: Bantam, 1995).

8. Anne Lamott, *Bird by Bird: Some Instructions on Writing and Life* (New York: Pantheon, 1994), 112.

9. Mihaly Csikszentmihalyi, *Flow: The Psychology of Optimal Experience* (New York: Harper & Row, 1990).

10. Lamott, *Bird by Bird*, 201.

11. Joan Borysenko, *A Woman's Journey to God* (New York: Riverhead Books, 1999), 164–65.

12. Joseph Jaworski, *Synchronicity: The Inner Path of Leadership* (Oakland: Berrett-Koehler, 1996), 189–90.

CAPÍTULO III. LAS PARTES

1. C. G. Jung, *Memories, Dreams, Reflections*, rev. ed., ed. Aniela Jaffe (New York: Pantheon Books, 1962), 181, 183.

2. Daniel Siegel, *The Developing Mind: How Relationships and the Brain Interact to Shape Who We Are* (New York: Guilford Press, 2001), 208–9.

3. Paul Watzlawick, John H. Weakland, and Richard Fisch, *Change: Principles of Problem Formation and Problem Resolution* (New York: W. W. Norton, 1974), 36.

4. David Whyte, *The Heart Aroused: Poetry and the Preservation of the Soul in Corporate America* (New York: Currency, 1996), 29.

CAPÍTULO IV. EXILIADOS, DIRECTIVOS Y BOMBEROS

1. Debbie Ford, *The Dark Side of the Light Chasers: Reclaiming Your Power, Creativity, Brilliance, and Dreams* (New York: Riverhead Books, 1998), 4, 14.

2. Henry David Thoreau, *Walden* (New York: Holt, Rinehart and Winston, 1966), 8.

3. Terrence Real, *I Don't Want to Talk about It: Overcoming the Secret Legacy of Male Depression* (New York: Scribner, 1997), 180.

4. JoAnnn Wypijewski, "A Boy's Life," *Harper's Magazine*, September 1999.

5. Alice Miller, *The Drama of the Gifted Child: The Search for the True Self* (New York: Basic Books, 1994), 24–25.

6. Greg Levoy, *Callings: Finding and Following an Authentic Life* (New York: Three Rivers Press, 1997), 219.

7. Anne Lamott, *Traveling Mercies: Some Thoughts on Faith* (New York: Pantheon Books, 1999), 109.

8. Ralph Waldo Emerson, *Fortune of the Republic: Lecture Delivered at the Old South Church* (Whitefish, MT: Kessinger Publishing, 2010), 16.

9. Rainer Maria Rilke, *Letters to a Young Poet*, trans. Stephen Mitchell (New York: Vintage Books, 1984), 102. Original work published 1929.

10. Henry Wadsworth Longfellow, *Prose Works of Henry Wadsworth Longfellow*, vol. 1 (Boston: Ticknor and Fields, 1857), 452.

BIBLIOGRAFÍA

Abramsky, Sasha. "When They Get Out." *Atlantic Monthly* 283, no. 6 (1999): 30–36.

Allison, Ralph B. "A New Treatment Approach for Multiple Personality Disorder." *American Journal of Clinical Hypnosis* 17 (1974): 15–32.

Allison, Ralph B., and Ted Schwartz. *Minds in Many Pieces: Revealing the Spiritual Side of Multiple Personality Disorder.* New York: Macmillan, 1980.

Armstrong, Karen. *A History of God.* New York: Ballantine, 1993.

Boorstein, Seymour. *Transpersonal Psychotherapy.* Palo Alto: Science and Behavior Books, 1980.

Borysenko, Joan. *A Woman's Journey to God.* New York: Riverhead Books, 1999.

Capra, Fritjof. *The Web of Life.* New York: Anchor Books, 1997.

Carney, J. "Unique Advances and Psychospiritual Contributions of Internal Family Systems Therapy in Clinical Work with Gay Men, Lesbians, Ambisexuals, and Their Families." Unpublished manuscript, 1997.

Childre, Doc, and Howard Martin. *The Heartmath Solution.* San Francisco: HarperSanFrancisco, 2000.

Chödrön, Pema. "A Practice of Compassion." In *Inner Knowing: Consciousness, Creativity, Insight, and Intuition,* ed. Helen Palmer. New York: Tarcher, 2004.

———. *Start Where You Are: A Guide to Compassionate Living.* Boston: Shambhala Publications, 1994.

Comstock, Christine M. "The Inner Self Helper and Concepts of Inner Guidance." *Dissociation* 4, no. 3 (1991): 165–77.

Coon, Deborah J. "Testing the Limits of Sense and Science." *American Psychologist,* 47, no. 2 (1992): 143–51.

Cose, Ellis. "The Prison Paradox." *Newsweek,* November 12, 2000. Csikszentmihalyi, Mihaly. *Flow: The Psychology of Optimal Experience.* New York: Harper & Row, 1990.

Dalai Lama and Howard C. Cutler. *The Art of Happiness.* New York: Riverhead Books, 1998.

Deikman, Arthur J. *The Observing Self: Mysticism and Psychotherapy.* Boston: Beacon Press, 1982.

Dillard, Annie. *For the Time Being.* New York: Knopf, 1999.

Edwards, Betty. *Drawing on the Right Side of the Brain.* New York: Tarchen, 1979.

Ehrenreich, Barbara. "Nickel-and-Dimed: On (Not) Getting By in America." *Harper's Magazine,* January 1999.

Faludi, Susan. "Rage of the American Male." *Newsweek,* August 16, 1999.

Ford, Debbie. *The Dark Side of the Light Chasers: Reclaiming Your Power, Creativity, Brilliance, and Dreams.* New York: Riverhead Books, 1998.

Gallwey, W. Timothy. *The Inner Game of Tennis: The Classic Guide to the Mental Side of Peak Performance.* New York: Random House, 1974.

Goleman, Daniel. *Emotional Intelligence: Why It Can Matter More Than IQ.* New York: Bantam Books, 1995.

Gould, Stephen J. "A Tale of Two Worksites." *Natural History* 106 (1997): 18–20, 22, 29, 62, 64–68.

Green, Arthur, and Barry W. Holtz. *Your Word Is Fire: The Hasidic Masters on Contemplative Prayer.* New York: Schocken Books, 1987.

Green, Elmer, and Alyce Green. *Beyond Biofeedback.* Fort Wayne, IN: Dell Publishing, 1978.

Grigg, Ray. *The Tao of Zen.* Edison, NJ: Alva Press, 1994.

Hadot, Pierre. *Plotinus, or The Simplicity of Vision.* Chicago: University of Chicago Press, 1998.

Hammen, Constance L., and Stefanie D. Peters. "Interpersonal Consequences of Depression: Responses to Men and Women Enacting a Depressed Role." *Journal of Abnormal Psychology* 87 (1978): 322–332.

Hammer, Michael. "Is Work Bad For You?" *Atlantic Monthly* 284, no. 2 (1999): 87–93.

Harner, Michael. "Shamanic Healing: We Are Not Alone." *Alternative Therapies in Health and Medicine* 2, no. 3 (1996): 68–75.

Huxley, Aldous. *The Perennial Philosophy.* New York: Harper & Row, 1944.

Ingerman, Sandra. *Soul Retrieval: Mending the Fragmented Self.* San Francisco: HarperSanFrancisco, 1991.

Jaworski, Joseph. *Synchronicity: The Inner Path of Leadership.* Oakland: Berrett-Koehler, 1994.

Jung, C. G. *Memories, Dreams, Reflections.* Rev. ed. Edited by Aniela Jaffe. New York: Pantheon Books, 1962.

Keating, Thomas. *The Human Condition: Contemplation and Transformation.* Mahwah, NJ: Paulist Press, 1999.

———. *Open Mind, Open Heart.* New York: Continuum, 1994.

Keen, Sam. *Hymns to an Unknown God; Awakening the Spirit in Everyday Life.* New York: Bantam, 1994.

———. "The Virtue of Moral Outrage." In *The Awakened Warrior*, edited by Rick Fields. New York: Tarcher, 1994.

King, Martin Luther, Jr. "Pilgrimage to Nonviolence." In *The Awakened Warrior*, edited by Rick Fields. New York: Tarcher, 1994.

Kohn, Alfie. *No Contest: The Case against Competition.* New York: Houghton Mifflin, 1986.

Kornfield, Jack. *A Path with Heart: A Guide through the Perils and Promises of Spiritual Life.* New York: Bantam, 1993.

Kraft, Kenneth, ed. *Zen—Tradition and Transition: A Sourcebook by Contemporary Zen Masters and Scholars.* New York: Grove Press, 1988.

Lamott, Anne. *Bird by Bird: Some Instructions on Writing and Life.* New York: Pantheon Books, 1994.

———. *Traveling Mercies: Some Thoughts on Faith.* New York: Pantheon Books, 1999.

LePage, Victoria. "The God Debate." *Quest* 87, no. 6 (1999): 212–15.

Levoy, Gregg. *Callings: Finding and Following an Authentic Life.* New York: Three Rivers Press, 1998.

McConnell, Susan. "Our Bodies? Our Selves?" *Self to Self: Newsletter of the IFSA* 4, no. 3 (1999): 1–5.

Merton, Thomas. *The Way of Chuang Tzu.* New York: New Directions, 1965.

Metzger, Deena. "Personal Disarmament." In *Ordinary Magic: Everyday Life as a Spiritual Path*, ed. John Welwood. Boston: Shambhala Publications, 1992.

Metzner, R. "Getting to Know One's Inner Enemies." In *The Awakened Warrior*, ed. Rick Fields. New York: Tarcher, 1994.

Miller, Alice. *The Drama of the Gifted Child: The Search for the True Self.* New York: Basic Books, 1996.

Miller, David. *The New Polytheism.* New York: Harper & Row, 1974.

Mitchell, Stephen, ed. *The Enlightened Mind: An Anthology of Sacred Prose.* New York: HarperCollins, 1991.

Muhaiyaddeen, Muhammad Raheem Bawa. "The Holy War Within." In *The Awakened Warrior*, edited by Rick Fields. New York: Tarcher, 1994.

Munsterburg, Hugo. *American Problems from the Point of View of a Psychologist.* New York: Moffat, Yard, 1910.

Muwakkil, Salim. "Voters Clearly Punched 'No' to War on Drugs." *Chicago Tribune*, November 20, 2000.

Newton, Michael. *Journey of Souls: Case Studies of Life Between Lives*. St. Paul, MN: Llewellyn Publications, 1994.

Nhat Hanh, Thich. *Peace Is Every Step: The Path of Mindfulness in Everyday Life*. New York: Bantam Books, 1991.

Pagels, Elaine. *The Gnostic Gospels*. New York: Random House, 1979.

———. *The Origin of Satan: How Christians Demonized Jews, Pagans, and Heretics*. New York: Random House, 1995.

Pennebaker, James. *Opening Up, Second Edition: The Healing Power of Expressing Emotions*. New York: Guilford Press, 1997.

Pennington, M. Basil. *Thomas Merton My Brother: His Journey to Freedom, Compassion and Final Integration*. New York: New City Press, 1996.

Po-Tuan, Chang. *The Inner Teachings of Taoism*. Translated by Thomas Cleary. Boston: Shambhala Publications, 1986.

Real, Terrence. *I Don't Want to Talk about It: Overcoming the Secret Legacy of Male Depression*. New York: Fireside, 1997.

Reed, Henry. *Edgar Cayce on Channeling the Higher Self*. New York: Warner Books, 1989.

Rilke, Rainer Maria. *Letters to a Young Poet*. Translated by Stephen Mitchell. New York: Vintage Books, 1984. Original work published 1903.

Schwartz, Tony. *What Really Matters: Searching for Wisdom in America*. New York: Atria, 1995.

Shumsky, Susan. *Divine Revelation*. New York: Simon & Schuster, 1996.

Siegel, Daniel J. *The Developing Mind: How Relationships and the Brain Interact to Shape Who We Are*. New York: Guilford Press, 1999.

Smith, C. Michael. *Jung and Shamanism in Dialogue*. New York: Paulist Press, 1997.

Smith, Huston. *Beyond the Post-Modern Mind: The Place of Meaning in a Global Civilization*. Wheaton, IL: Quest, 1989.

Smoley, Richard, and Jay Kinney. *Hidden Wisdom: A Guide to the Western Inner Traditions*. New York: Penguin, 1999.

Sullivan, Andrew. "The He Hormone." *New York Times Magazine*. April 2, 2000.

Walker, Alice. *By the Light of My Father's Smile*. New York: Random House, 1998.

Watzlawick, Paul, John Weakland, and Richard Fisch. *Change: Principles of Problem Formation and Problem Resolution*. New York: W. W. Norton, 1974.

Wegner, Daniel. *White Bears and Other Unwanted Thoughts.* New York: Viking, 1989.

Welwood, John. *Love and Awakening: Discovering the Sacred Path of Intimate Relationship.* New York: HarperCollins, 1996.

Wilber, Ken. *A Brief History of Everything.* Boston: Shambhala Publications, 1996.

———. *The Eye of Spirit: An Integral Vision for a World Gone Slightly Mad.* Boston: Shambhala Publications, 1997.

———. *No Boundary: Eastern and Western Approaches to Personal Growth.* Boston: Shambhala Publications, 1985.

———. *Sex, Ecology, Spirituality: The Spirit of Evolution.* Boston: Shambhala Publications, 1995.

———. *The Spectrum of Consciousness.* Wheaton, IL: Quest, 1977.

Williams, Margery. *The Velveteen Rabbit.* New York: HarperCollins, 1999.

Wypijewski, JoAnn. "A Boy's Life." *Harper's Magazine,* September 1999.

SOBRE EL AUTOR

Richard C. Schwartz comenzó su carrera como terapeuta familiar sistémico y académico. Basándose en el pensamiento sistémico, Schwartz desarrolló el modelo de los sistemas de la familia interna (IFS) en respuesta a las descripciones que los pacientes hacían de varias partes de sí mismos. Mientras exploraba ese terreno interior con pacientes con traumas, descubrió una esencia indemne y sanadora que él denomina el Self y que le condujo al viaje espiritual descrito en este libro. Conferenciante destacado de organizaciones profesionales nacionales, Schwartz ha publicado varios libros y más de cincuenta artículos sobre el modelo IFS, que se ha convertido en un movimiento mundial. Vive en el área de Chicago con su mujer, Jeanne, y cerca de sus tres hijas y sus nietos. Más información en ifs-institute.com.

ACERCA DEL INSTITUTO IFS

El Instituto IFS aspira a elevar la calidad y la armonía de las relaciones en todos los aspectos de la vida centrándose en la relación más importante de todas: la relación con el Self interior. Fundado hace treinta años para dar a conocer el trabajo innovador y transformador de Richard Schwartz, el Instituto ha sido pionero en las aplicaciones de los principios del sistema de la familia interna ofreciendo una gama cada vez más amplia de programas de formación y experiencias con el modelo IFS que han tenido mucho éxito. Para saber más sobre el modelo IFS y el Instituto IFS, te invitamos a visitar nuestra página web, ifs-institute.com. Allí podrás obtener más información sobre nuestros programas y unirte a nuestra comunidad para mantenerte en contacto.

ACERCA DE SOUNDS TRUE

Sounds True es una editorial multimedia cuya misión es inspirar y apoyar la transformación personal y el despertar espiritual. Fundada en 1985 y con sede en Boulder, Colorado, trabajamos con muchos de los principales maestros espirituales, pensadores, sanadores y artistas visionarios de nuestro tiempo. Con cada título nos esforzamos por preservar la "sabiduría viva" esencial del autor o artista. Nuestro objetivo es crear productos que no solo proporcionen información al lector o al oyente, sino que también encarnen la calidad de una transmisión de sabiduría.

Si buscas una transformación genuina, Sounds True es tu socio de confianza. En SoundsTrue.com encontrarás una gran cantidad de recursos gratuitos para apoyar tu viaje, incluyendo entrevistas exclusivas de audio semanales, descargas gratuitas, herramientas de aprendizaje interactivo y descuentos especiales en todos nuestros títulos.

Para obtener más información, visita SoundsTrue.com/freegifts o llámanos al número gratuito 800.333.9185.